Nur ein paar Stündchen

Nix wie raus, ganz schnell ins Grüne. Auch mit wenig Zeit lässt sich Großartiges erleben. Kleine und große Abenteuer warten direkt vor der Haustür.

4H

Raus für einen Tag

Man muss nicht das Land verlassen, um neue Welten zu entdecken. Einfach mal einen Tag lang raus aus dem Alltagsallerlei und rein in die Natur.

12H

Ferien für ein Wochenende

Warum auf die große Auszeit warten, wenn man einen Wochenendtrip in der Nähe machen kann? Vergnügen, Abenteuer und Wohlgefühl kompakt und intensiv.

36H

LIEBE LESERIN, LIEBER LESER,

am Niederrhein ist alles im Fluss! Wo die Region beginnt und wo sie endet, das weiß eigentlich niemand so ganz genau. Denn Rhein und Ruhr, Nette, Niers oder Lippe gestalten das Land auch über die Grenzen hinweg und nehmen Besucher mit auf ihre gemächliche Reise durch die meist flache Landschaft, wo man – wie es heißt – beizeiten sieht, wer da demnächst zu Besuch kommt.

Freie Sicht bis zum Horizont, bizarre Kopfweiden und schlanke Pappeln, weite Äcker, auf denen Kohl, Kartoffeln und Spargel gedeihen und die im Herbst von Wildgänsen erobert werden. Die Region lässt sich bestens mit dem Drahtesel erkunden, in Wanderschuhen, auf Schienen oder gar aus der Luft!

Halten Sie die Augen offen und genießen Sie die kleinen und großen Eskapaden am Niederrhein!

PS: Informationen zum GPX-Download gibt's auf Seite 224.

AUSZEIT.
ABENTEUER.
LEBENSFREUDE.

1. KAPITEL
ABSTECHER

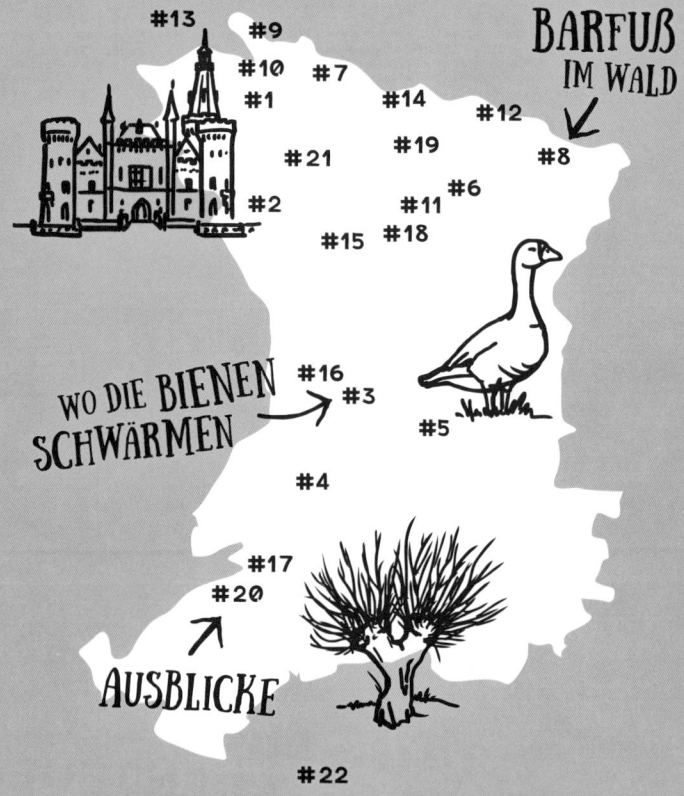

#13 #9
#10 #7
#1 #14 #12
#21 #19
#2 #11 #6
#15 #18

BARFUẞ
IM WALD

#8

WO DIE BIENEN
SCHWÄRMEN

#16
#3

#5

#4

#17
#20

AUSBLICKE

#22

Nur ein paar Stündchen

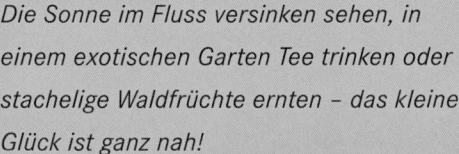

Die Sonne im Fluss versinken sehen, in einem exotischen Garten Tee trinken oder stachelige Waldfrüchte ernten – das kleine Glück ist ganz nah!

4H

KUNST IM KOPF, KRÄUTER IN DER NASE

 ... mit Voltaire nach Moyland

 **#1**

Wer hätte es gedacht? Voltaire, der große französische Denker, besuchte 1740 den Niederrhein und war berauscht von der Schönheit der Landschaft. Und von dem Kleid, das ihr die Könige der Gartenkunst übergestreift hatten. Längst sieht alles anders aus. Denn der Fluss gestaltet mit. Und die Menschen natürlich. Die Schönheit ist geblieben.

nem Fuß ein kurzes Stück die Hauer Straße entlang, über die Bahngleise, dann gleich rechts abbiegen in den schmalen Pfad und schon ist man mitten im Grünen. Zur Linken ein lauschiges Wäldchen. Unter das Rascheln der Blätter mischt sich Vogelgezwitscher.

Immer dem Weg folgen, der zwischen leuchtenden Wiesen mäandert, gesäumt von Hecken und Hainen. Auf halber Strecke erklärt eine Stele die Verbindung zu Voltaire und in der Ferne erhebt sich der Kirchturm von Qualberg. Der Ort wurde von den Römern Quadriburgium genannt und war damals ein sicherer Siedlungsplatz, wenn der Rhein über die Ufer schwappte. Nun geht es einmal rechts auf den Waldmannpfad und bei nächster Gelegenheit links in den Schermgraben, wo im Frühjahr blühende Schlehen und Weißdorn grüßen. Die ersten Häuser von Bedburg-Hau kommen in Sicht. Links halten und dann in den Rosendaler Wald. Einst schlängelten sich hier Abzweige des Rheins, und fast möchte man die wassergefüllten Kuhlen für solche halten, doch die stammen aus der Zeit des Torfstichs. Tempo drosseln, durchatmen, lauschen.

Zwischen Schwanenburg und Schloss Moyland, dort, wo sich die Landschaft von leuchtenden Wiesen zu duftenden Wäldchen verdichtet, beginnt ein nach Voltaire benannter Wanderweg. Etwas außerhalb von Bedburg-Hau, oben auf dem Papenberg, der eigentlich nur ein kleiner Hügel ist, geht es los. Zu sei-

Wo sich das wohltuende Dunkel des Blätterdachs zum Überqueren des Johann-van-Aken-

Überraschung im Burggraben: In ihrem spielerischen Dialog mit der Natur wirken die Skulpturen im Park von Schloss Moyland wie zufällig verstreut und setzen schöne Akzente.

Rings kurz öffnet, geht der Rosendaler in den weitläufigen Moyländer Wald über. Herzen und Namen, die ältesten von 1861, sind in noch ältere Buchen eingeritzt und erinnern an frühere Spaziergänger und Liebespaare. Über den Katzenbuckel, der sich in Wahrheit nur ganz sanft wölbt, geht es vorbei an imposanten Bäumen geradewegs auf Schloss Moyland zu. Gegen einen kleinen Obolus lässt sich der Schlosspark mit seinem historischen Kräutergarten voller Heilpflanzen besichtigen und nebenbei moderne Kunst in den Baumkronen oder im Burggraben entdecken. Und einmal durch den lauschigen Laubengang spazieren, den zwischen Frühsommer und Herbst ein dichtes Blätterdach überspannt.

Endlich zur Stärkung ins Café und hinter alten Mauern hausgemachten Kuchen schlemmen. Wer auch das Ticket fürs Museum gelöst hat, steigt auf den Schlossturm und betrachtet die Landschaft aus der Vogelperspektive. Vielleicht doch noch die Beuys-Sammlung im Schloss ansehen?

FAZIT: LEICHTER WANDERWEG DURCH FELD UND FLUR, ÜBER KLEINE ANHÖHEN, DURCH LICHTEN WALD UND VORBEI AN WASSERGEFÜLLTEN TORFKUHLEN.

Hin & weg: Mit Busline B57 bis Qualburg.

Dauer & Strecke: 3 Std. inkl. Kräutergarten im Schlosspark, 6,5 km.

Beste Zeit: Besonders schön im Sommer, wenn in Moyland Kräutergarten und Laubengang blühen. Mehr unter www.moyland.de

Ausrüstung: Leichte, bequeme Schuhe.

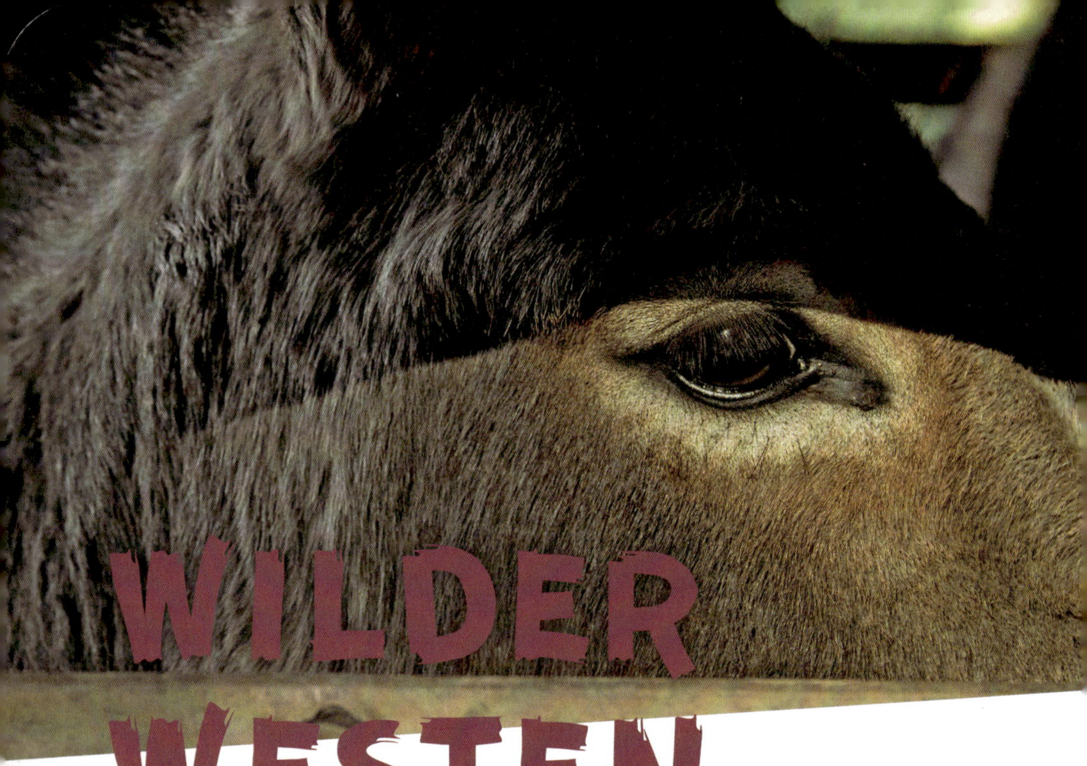

WILDER WESTEN

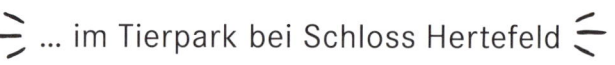

... im Tierpark bei Schloss Hertefeld

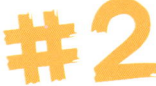

#2 *Wilde Tiere - oft sind sie ganz nah. Doch wer sie sehen will, muss schon früh im Wald unterwegs sein. Oder man besucht einfach den kleinen Tierpark bei Schloss Hertefeld, wo borstige Wildschweine, elegante Rehe und dickköpfige Widder durch die Gehege streifen.*

#Waldbewohner #Streichelzoo #Poitou-Esel #Schloss

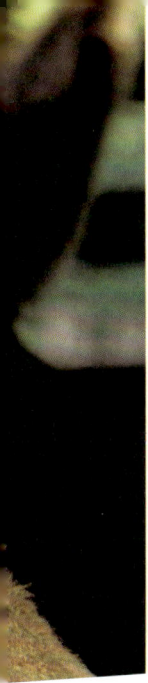

Vorwitzig und immer auf eine Streicheleinheit aus: die haarigen Bewohner des Tierparks bei Schloss Hertefeld.

Manchmal reicht ein klitzekleiner Abstecher – ein, zwei Stündchen draußen sein – zu einem Erlebnis der besonderen Art. Ganz ohne Anstrengung. Einfach nur schauen und genießen. Das geht gut im Tierpark Weeze, der beinahe eins ist mit dem schönen Schlosspark. Hier ist alles offen. Gratis noch dazu. Wer Stadtmensch ist, der merkt recht schnell,

dass Landluft ganz schön intensiv sein kann und dass die Nase schon nach kurzer Zeit zu unterscheiden lernt: Federvieh oder Waldbewohner, Landschaf oder Hausesel. Das macht Spaß und spornt sogar richtig an!

Schneeweiße Ziegen grüßen als Willkommenskomitee. Sie sind forsch, können nicht

15

Hier lernen Besucher schnell, dass verschiedene Arten Federvieh echte Krachmacher sein können und wie weich sich das Fell von eigentlich scheuen Waldbewohnern anfühlt.

stillhalten und drängeln sich um den Logenplatz. Wittern sie vielleicht Futter oder eine streichelnde Hand? Genügsam seien sie, ist auf dem Schild zu lesen. Und mit ihren gebogenen Hörnern sind sie ziemlich imposant. Viel

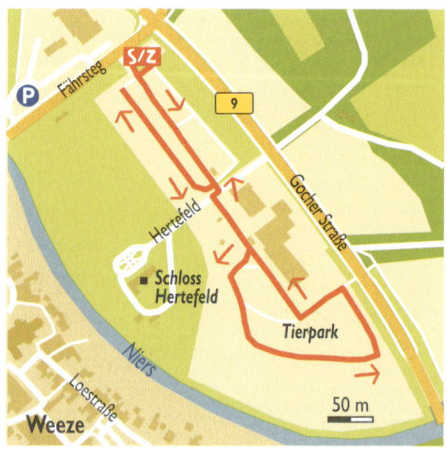

ruhiger, aber auch weniger zutraulich wirken die Hausesel gleich nebenan. Mit der Ruhe ist es jedoch schnell dahin, denn im Wassergraben gegenüber zanken sich ein paar Enten. Das lässt ihre Nachbarn nicht ganz gleichgültig: Sie stimmen ins Konzert ein. Und wer es noch nie gehört hat, der weiß bald, dass Esel einen ohrenbetäubenden Krach machen können. Darum wurden sie übrigens von Hirten auch gern als Herdeschutz eingesetzt. Schließlich kommen die Tiere doch näher, blähen die Nüstern und zeigen ihre großen Zähne. Gruß und Abschied zugleich. Schon verschwinden sie hinter ihrer Hütte.

Im Tierpark schlängeln sich die Wege kurzweilig um die Gehege, führen durch ein Wäldchen und laufen parallel zum Graben, in dem die eben noch zankenden Enten zusammen mit Gänsen und Schwänen ihre Bahnen ziehen.

Das sandige Gehege der Wildschweine kommt in Sicht, wo Sauen und Frischlinge genüsslich nach Eicheln wühlen. Ein Pfau kreuzt seelenruhig den Pfad, während seine Artgenossen sich auf dem Dach einer Hütte sonnen.

Vorbei am Eingang zum Schlosspark mit seinen alten Baumriesen geht es hinüber zum Streichelzoo, der nicht nur den ganz jungen Besuchern Freude bereitet – wann hat man schon einmal die Gelegenheit, so ein Zicklein zu knuddeln? –, und dann schnurstracks weiter zum weitläufigen Gehege eines ganz besonderen Parkbewohners: dem Poitou-Esel. Groß, langhaarig, selten. Und völlig unbeeindruckt von den Kapriolen der Ponys, deren Weide man im großen Bogen umrundet, bevor der Weg zurückführt. Ein letzter Blick in den Park, aus dem das Schloss so einladend grüßt. Gehen oder noch bleiben?

Tipp: Im Schloss Hertefeld (www.hertefeld.com) eine Führung mitmachen und eine Nacht hinter alten Mauern direkt unterm Sternenhimmel verbringen.

FAZIT: BEIM KLEINEN ABSTECHER HEIMISCHEN HAUS- UND WILDTIEREN GANZ NAH KOMMEN.

Hin & weg: Parkplatz Fährsteg.

Dauer & Strecke: 1,5 Std., 1,5 km.

Beste Zeit: Frühjahr bis Herbst. Mehr unter www.tierparkweeze.de

Ausrüstung: Bequeme Schuhe.

WO BIENEN SCHWÄRMEN

∋ … im Landschaftspark Heilmannshof ∈

Eine stille Oase vor den Toren der Stadt. Angesichts des Labyrinths verheißungsvoller Pfade fällt die Wahl schwer: zuerst an den Weiher oder lieber zu den Bienenstöcken auf die Obstwiese? Zum Glück führen alle Wege ans Ziel!

Versteckspiel im Park: Zwischen üppigem Gebüsch und alten Baumriesen leuchten goldgrün die Niepkuhlen. Sie sind ein Paradies für zahlreiche Wasservögel.

Haus und Park liegen an den Niepkuhlen, jenen kleinen sumpfigen Tümpeln, die sich wie Perlen an einer Schnur aufreihen. Von Krefeld bis Vluyn und sogar noch weiter. Wo einst ein Altarm des Rheins durch die Niederungen mäanderte, wandeln Besucher heute auf Pfaden, die mal herrschaftlich breit sind und dann so schmal, dass man sich im tiefsten Urwald wähnt. Ganz zügellos breitet sich die Vegetation jedoch nicht aus. Schließlich wurden hier, auf dem Heilmannshof, bereits in den 1830er-Jahren Gehölz- und Staudengärten angelegt, die bis heute liebevoll gepflegt werden. Seit 1999 sind sie in ihrer Gesamtheit ein Denkmal. Doch anders als solche aus Stein wandelt dieses sein Gesicht im Verlauf der Jahreszeiten. Und der Jahre.

Wer den Hof besucht, kommt meist wegen des guten Gemüses aus eigenem Anbau, das die Regale des kleinen Hofladens gleich links der Auffahrt füllt. Oder auf einen Streifzug durch den Park. Während der Ladenzeiten ist der nämlich jedermann frei zugänglich. Gleich rechts hinter dem gelb gestrichenen Landhaus mit der üppig begrünten Fassade beginnt ein Pfad. Im Vorbeigehen fällt der Blick auf eine mächtige Baumscheibe. Kleine Täfelchen markieren Jahresringe: 1901 – Thomas Mann veröffentlicht seine »Buddenbrooks«. Wenige Schritte weiter baumelt einladend eine Schaukel im Geäst. Sonnenstrahlen bahnen sich den Weg durch die Blätterkronen, malen Muster auf den Boden und streifen dickbauchige Bienen, die von Blüte zu Blüte schwärmen.

Der Park hat eine Ordnung. Aber nachspüren muss man ihr nicht, ist es doch so viel schöner, sich treiben zu lassen – um vielleicht ganz unvermittelt auf eine der Niepkuhlen zwischen alten Baumriesen zu stoßen. Auf dem grünen Tümpel ziehen Enten ungestört ihre Bahn und zwei Reiher tauchen nach Essbarem. Ein winziger Steg reicht kaum bis ans Wasser, ein Kanu liegt auf dem Trockenen. Zufällig oder inszeniert?

Hinter Biegungen und Büschen überraschen kleine Kunstwerke. Wie Skulpturen wirken auch der vom Efeu eroberte Bauwagen und der einsame Torbogen, der unter der Last dicker Trauben ächzt. Sogar das Sprossenfenster in der alten Scheune, das nun so ganz ohne Glas ein paar dornigen Ranken als Klettergerüst dient.

Dichtes Gehölz entlässt den Spaziergänger endlich auf eine lichte Wiese, die an einer Seite von bunten Bienenstöcken gesäumt ist. Von dort kommt aufgeregtes Summen, selbst aus einigen Metern Entfernung unüberhörbar. In Wahrheit hört man natürlich den schnellen Flügelschlag der Bienen, die Nektar in ihre Behausungen tragen. 20 bis 30 Kilo Honig kann so ein Bienenvolk pro Jahr produzieren. Was die fleißigen Flieger auf dem Heilmannshof sammeln, kommt als »Frühlingshonig« ins Glas und in den Laden. Und vielleicht auch auf den heimischen Frühstückstisch?

Tipp: Im Hofladen gibt es nicht nur Honig oder leckeres Gemüse. Bei gutem Wetter kann man auf der winzigen Terrasse auch einen Kaffee trinken.

FAZIT: EIN SPAZIERGANG, DESSEN DAUER JEDER SELBST BESTIMMT. IN EINER OASE DER STILLE, WO DAS SUMMEN DER BIENEN DIE SCHÖNSTE MUSIK IST.

Hin & weg: Mit dem Auto zum Heilmannshof (www.heilmannshof.com).

Dauer & Strecke: 1,5 Std., 1,2 km.

Beste Zeit: Von Frühjahr bis Herbst, im April/Mai üppige Rhododendronblüte.

Ausrüstung: Keine besondere.

NATUR EINRAHMEN

 ... im Schlosspark Neersen

#4

Wer bei Schlosspark an Formschnitt-hecken und kurz getrimmten Rasen denkt, der kennt noch nicht den von Schloss Neersen, an einem Nebenarm der Cloer gelegen – und ganz schön wild. Dort Schätze sammeln und auf der Schmetter-lingswiese in der Sonne sitzen bringt das kleine-große Glück.

#Schlosspark #Skulpturen #Waldstreicherei #mitallenSinnen

Wer ein Passepartout im Rucksack hat, kann bei seinem Spaziergang durch den Schlosspark Neersen Natur einrahmen.

Schloss Neersen ist eine barocke Augenweide. Eingerahmt von einem Wassergraben, in dem sich seine Silhouette so fotogen spiegelt und wo Enten ganz unaufgeregt ihre Bahnen ziehen. Das Schloss – heute übrigens Verwaltung der Stadt Willich – bleibt nicht links, sondern rechts liegen. Denn das ist die Richtung, in die ein Schild mit der Aufschrift »Eva Lorenz Umweltstation« weist. Der Weg ist eben, aber so wunderbar kurvig, dass man ganz langsam geht. Und gleich mit allen Sinnen hängen

bleibt: an den wippenden gelben Blüten, auf denen Bienen balancieren. An den Blättern, die an filigranen Spitzenstoff erinnern und wohl von Insekten zerfressen wurden. Oder an dem kreisrunden Loch in der Baumrinde. Es mutet wie ein Guckloch in eine andere Welt an und ist eine Aufforderung, hindurchzuschauen. Perspektivenwechsel!

Wer ein Passepartout im Rucksack hat, der hängt es bei seinem Spaziergang durch den

Suchen, entdecken und einrahmen zwischen hoch gewachsenen Bäumen, auf leuchtenden Wiesen oder an bunten Bauwagen. Wer genau hinsieht, wird reich belohnt.

Park an einen Zweig, legt es um eine Feder oder auf eine Baumrinde. Und siehe da, das eingerahmte Stück Natur kommt auf einmal ganz groß raus. Eine Idee von Elke Kamper,

Naturerlebnispädagogin und hier im Park immer wieder auf Waldstreicherei mit Vorschulkindern. Ganz hinten im Park liegt die Eva Lorenz Umweltstation des Naturschutzbunds mit Kräutergarten und Wildbienenhotel. Das Dach wild wuchernd begrünt, fast wie der Haarschopf einer Waldfee. Der Weg führt zu einer Lichtung, auf der ein leuchtend grüner Bauwagen steht, drumherum ein Zaun aus geflochtener Weide. Efeu webt ein Muster hinein. Auch am Boden ist was los. Wer genau hinsieht, entdeckt vielleicht einen winzigen Frosch im Gras. Gut getarnt und meist viel zu schnell zum Einrahmen.

Es geht weiter zu den alten Baumriesen, über eine kleine Brücke und vorbei an Skulpturen aus Stein, Metall oder Holz. Der Weg ist nicht vorgegeben, Besucher können sich treiben

Jetzt die Augen auf: Wo Kunst und die ganze Palette der Natur wie selbstverständlich miteinander verwoben sind, wird Waldstreicherei zu einem Erlebnis!

lassen. Zur Orientierung dienen immer wieder kleine Wegweiser. Zum »Tierweitsprung« beispielsweise. Hier selbst einen Sprung wagen und staunen, dass der kleine Grasfrosch ganze 110 Zentimeter schafft. Das elffache seiner Körperlänge! Wer hätte das gewusst?

Dann ist der Waldsaum erreicht. Dort liegt die Schmetterlingswiese mit großen Steinen, ganz warm von der Sonne, und Baumstämmen als Sitzgelegenheit. Verweilen, schauen, was dort wächst, an Blüten schnuppern. So viele Sinneserlebnisse! Die machen Hunger. Doch zuerst noch ins Labyrinth. Und dann in die Orangerie, die ähnlich ungezwungen wie der Park daherkommt: Dort gibt es leckeres Eis.

Tipp: Für Vorschulkinder und deren Eltern bietet die Naturerlebnispädagogin und Wild-

bienenexpertin Elke Kamper spannende Entdeckungsreisen in die Natur an. Direkt im Schlosspark Neersen oder in der näheren Umgebung (www.waldstreicherei.de).

FAZIT: NEUE BLICKWINKEL AUF DIE KLEINEN SCHÖNHEITEN DER NATUR. MIT ALLEN SINNEN ERLEBEN FÜR GROSS UND KLEIN.

Hin & weg: Mit Buslinie 036 bis Haltestelle Am Schloss.

Dauer & Strecke: 2 Std., 1,5 km.

Beste Zeit: Zu jeder Jahreszeit schön.

Ausrüstung: Je nach Witterung leichte bis feste Wanderschuhe. Wer mag: Passepartout und Fotoapparat.

FLÜCHTIGE KUNST

 ... im Uerdinger Hafen

 **#5**

Aussichten einmal anders. Wer dem Fluss und den vorbeiziehenden Frachtern den Rücken zukehrt, der hat hier im Areal am Zollhof Kunst im Blick. An den Fassaden verlassener Gebäude, an Mauern unter Efeu versteckt oder zu seinen Füßen. Auf zu einer kleinen Entdeckungsreise!

Seit 2017 schmückt bunte Street-Art internationaler Künstler die Fassaden des einstigen Zollhofgeländes. Die Rhine Side Gallery lockt neue Besucher ans Uerdinger Rheinufer.

Noch immer ragt er stolz in den blauen Himmel, noch immer warnt ein Schild davor, Abstand zu halten, genutzt wird er jedoch schon lange nicht mehr: der Lastkran am Rheinufer. Einst wurde hier Fracht gelöscht. Ganze Schiffsbäuche voller Wein für die nahe Brennerei. Das erklärt auch den Namen Zollhof, wollte der Güterfluss doch genau dokumentiert sein.

Nach seiner Blütezeit der Dornröschenschlaf. Doch aus dem wurde das Stückchen Ufer zwischen Uerdinger Rheinbrücke und Hafen inzwischen wachgeküsst. 2017 haben sich Künstler aus aller Welt auf den Fassaden der verlassenen Gebäude und auf dem Asphalt in der Rhine Side Gallery (www.rhinesidegallery.com) verewigt. Wobei das mit der Ewigkeit nicht wörtlich zu nehmen ist, denn die Kunst

Ein Gelände, das für Überraschungen sorgt: verstohlene Blicke und schöne Aussichten über den weiten Fluss.

ist flüchtig. Street-Art trotz den Elementen nur auf Zeit.

Einen vorgegebenen Weg gibt es hier nicht. Warum auch? Im Suchen und Finden liegt der Reiz! Erst einmal den Blick schweifen lassen, ein Gefühl für den Ort bekommen. Unten ist der Rhein in Bewegung, hier oben ist der Takt ein anderer. Zuerst linksherum und den stillgelegten Gleisen folgen. Zwischen ihnen bahnen sich gelbe Pflänzchen ihren Weg ans Licht. Nicht alles ist immer auf Augenhöhe. Auch die violetten Beeren nicht, die aus dem Grün der Büsche leuchten. Man muss schon genau hinsehen, verschmilzt das Bild doch mit der Natur. Der Erker am Haus: Ist er echt oder eine optische Täuschung? Die Steine, die aus der Fassade purzeln, das Pferd, das uns auf dem Asphalt entgegengaloppiert ... Fußabdrücke markieren den besten Standpunkt, um einige der dreidimensionalen Bilder im richtigen Blickwinkel betrachten zu können.

Zurück und am Kran vorbei, wo ein bunter Ball aus der Reihe tanzt und eine Frau von riesigen Heuschrecken attackiert wird. Auf der Mauer räkeln sich Holzfiguren in Badekostümen des vergangenen Jahrhunderts. Ihnen ist wohl der Ball abhandengekommen. Während der große weiße Hai dem Betrachter förmlich entgegenspringt, sind einige Werke klein und unauffällig, versteckt unter Ranken, aber nicht weniger eindrucksvoll. Wie das einzelne Auge, das der aufmerksame Besucher auf der dem Rhein abgewandten Seite findet. Auch hier, im Schatten des Stroms, bleibt die Entdeckungsreise spannend.

Und anschließend? Bei gutem Wetter unbedingt zum Chillen in die Strandbar oder auf einen gemütlichen Kaffee und Kuchen ins nahe Beans & Sweets (www.beans-and-sweets.com).

Tipp: Wer noch Lust auf ein wenig Industriekultur hat, besucht das Museum der ehemaligen Weinbrennerei Dujardin (www.weinbrennerei-dujardin.de) gleich gegenüber. Anmeldung erforderlich.

> **FAZIT: KURZWEILIG, FARBENFROH, MIT MORBIDEM CHARME: PERSPEKTIVENWECHSEL VOR GROSSARTIGER RHEINKULISSE.**

Hin & weg: Mit Bus oder Bahn bis Bahnhof Krefeld-Uerdingen, dann 5 Min. zu Fuß (Am Zollhof 6).

Dauer & Strecke: 1 Stündchen, 600 m.

Beste Zeit: Mai bis September.

Ausrüstung: Keine besondere.

WO DER WACHOLDER WÄCHST

>‒ ... durch die Heide bei Drevenack ‒<

Rosa und Dunkelviolett geben hier den Ton an. Zumindest im Spätsommer, wenn die Heide blüht und am Wacholder pralle Zapfen reifen. Umgeben von knorrigen Hudebäumen ist die sandige Heide-landschaft, die man nur ab und zu mit Schafen teilt.

Alles im Werden und Vergehen: Im Schatten mächtiger Hudebäume erobern Baumpilze alte Stämme, während sich Moos wie ein weicher Flickenteppich ausbreitet.

möchte, der schnürt seine Wanderschuhe gut zu und macht sich vom Parkplatz Loosenberge West erst einmal auf in südliche Richtung. Vorbei an einem Gehöft immer der Straße lang, die wie eine endlose Allee durch einen lichten Laubwald führt. Links und rechts stapelt sich geschlagenes Holz. Nicht beirren lassen, es geht noch ein gutes Stück weiter. Dort, wo der erste Wanderweg kreuzt, biegt man links ab. Die Vegetation ändert sich schlagartig, wird karger und blasser. Bald markiert ein Holzgatter den Zugang zur Heide. Hindurchschlüpfen und das Tor gut verschließen, damit die Heidschnucken, die hier grasen, nicht ausbüchsen können.

Irgendwo zwischen Dämmerwald und Lippeauen liegt die Wacholderheide. Gut versteckt im Naturschutzgebiet bei Drevenack. Wer das bizzare, hügelige Areal durchstreifen

Der Boden ist trocken und sandig. Pfade, teils eingezäunt, führen im leichten Auf und Ab durch das Gebiet. Am Boden blüht die Heide in freundlichem Rosa, nur dort, wo die Kronen knorriger Hudebäume ihre Schatten werfen, fehlt ihr Leuchten: Es ist zu feucht und zu kühl. Stattdessen kriechen hier Moose wie ein weicher Teppich über Äste und abgestorbenes Holz. An Stämmen wachsen seltsam geformte Pilze. Grimms Märchen lassen grüßen!

Unter den zarten Duft der Heide mischt sich ein intensiv würziger: der Geruch von Wacholder. Die Zypressenart, die hier meterhoch mal einzeln, mal in dichten Gruppen wächst, tupft ein kräftiges Grün in die Landschaft. Schon gewusst, dass ihre reifen Zapfen, die man für Beeren halten möchte, getrocknet lecker

Wacholder tupft kräftiges Grün in die karge Heidelandschaft und überzieht sie mit würzigem Duft. Seine Beeren werden bereits seit dem 16. Jahrhundert für die Herstellung von Gin verwendet.

zu Sauerkraut oder Braten schmecken, aber dass aus ihnen auch Gin hergestellt wird? Doch Obacht: Im Naturschutzgebiet darf man sie natürlich nicht pflücken!

Nach gut drei Stunden ist die Heide durchstreift. Die Schafe haben sich nicht blicken lassen. Auch der Dachs, dessen Höhleneingang sich an einem der Wanderpfade versteckt, bleibt unsichtbar. Zu wissen, dass er dort lebt, ist eigentlich auch schön.

Tipp: Warum nicht aus wenigen Stunden einen abwechslungsreichen Tag machen? Im nahen Otto-Pankok-Museum kann man Kunst schauen (www.pankok-museum-esselt.de), auf dem Museumspfad durch die Natur und Gartenlandschaft von Haus Esselt spazieren oder einen »Landschaftsrucksack« mit Malutensilien

ausleihen, um auf den Spuren Pankoks eigene künstlerische Erfahrungen zu sammeln.

FAZIT: EINTAUCHEN IN EINE BIZARRE LANDSCHAFT, DIE DURCH ABSOLUTE STILLE UND INTENSIVE DÜFTE FESSELT.

Hin & weg: Parkplatz Loosenberge West. Oder per Rad über den Wanderweg Drevenack bis zur Kreuzung Loosenberge/Gedenkstein »11. September 1944«.

Dauer & Strecke: 3 Std., 4 km.

Beste Zeit: Frühjahr bis Herbst, im August blüht die Heide.

Ausrüstung: Je nach Witterung leichte bis feste Wanderschuhe und eine Trinkflasche.

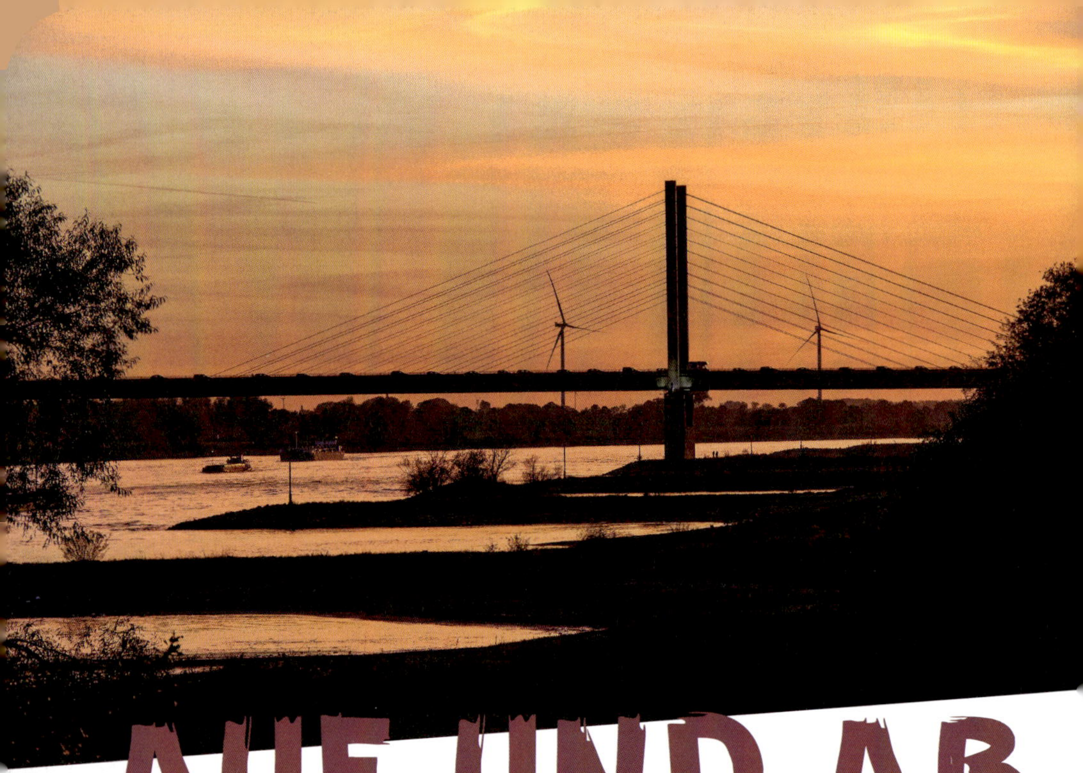

AUF UND AB

… zwischen Geschichte, Kunst und Rhein in Rees

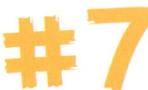

#7

Ein Friedhof auf der Mauer, ein Schwimmer im Teich und Lastkähne auf dem großen Strom: In Rees stolpert man an jeder Ecke über Geschichte, Kunst und Schifffahrt. Im Auf und Ab zwischen Stadtmauer und Rheinpromenade gibt es die geballte Ladung.

#SonnenuntergangamRhein #Stadtmauer #Alltagsmenschen

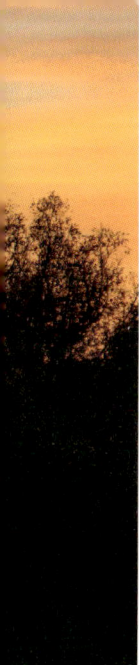

Wenn die Abendsonne die Landschaft in goldenes Licht taucht, ist ein Spaziergang von der alten Stadtmauer zum Rhein besonders schön.

Früher war er weiß gestrichen, heute erinnert nur noch sein Name daran: Der Weiße Turm mit der hübsch geschwungenen Spitze, die einem Helm gleicht, markiert das östliche Ende der Reeser Stadtmauer. Was einst Wachturm war und sogar als Gefängnis diente, ist heute vor allem schön anzusehen. Es geht ein Stück weit die backsteinrote Mauer entlang, in die sich Pflanzen krallen und erstaunlich grün und üppig wuchern, bis eine kleine eiserne Stiege nach oben führt. Gut acht Meter ist die Mauer hoch – und auch breit. Ein Weg, beiderseits flankiert von einem hölzernen Geländer, schlängelt sich im beschwingten Auf und Ab zurück zum Turm. Beinahe wähnt man sich im Wald, verschlingen sich die herabhängenden Äste mächtiger Bäume doch zu einem lichten Laubengang. Am Ende des Pfads liegt einer

Der kurze Spaziergang über die alte Stadtmauer von Rees am Rhein führt durch einen lichten Laubengang aus herabhängenden Ästen – man wähnt sich in einer beinahe vergessenen Welt. Der Weg führt zum Herrn mit Badekappe.

von zwei jüdischen Friedhöfen in Rees. Der ältere wurde hier oben ab 1700 sicher vor dem Hochwasser angelegt. Wer die kleine Begräbnisstätte besichtigen mag, kann sich den

Schlüssel werktags im Kulturamt ausleihen (www.stadt-rees.de).

Gleich rechterhand führt eine Stiege an der Außenseite der Mauer hinab in einen kleinen Park mit Skulpturen, die sich als dunkle Silhouetten im Gegenlicht abzeichnen. Der Weg mäandert zu einem Teich voller Seerosen und – nanu!? – zu einem Badenden! Ein rundlicher Herr mit Badekappe treibt im rot-weißen Schwimmreifen durchs Wasser. Zufrieden lächelnd, so lebendig und doch aus Beton! Einer der »Alltagsmenschen« der Bildhauerin Christel Lechner, die einen ganz unmittelbar verzaubern.

Weiter geht es über die Straße mit dem hübschen Namen Vor dem Rheintor zur Promenade. Hier kann man gemütlich Schlendern, aufs

Wasser kann so friedlich sein. Oder am Fluss mit Wucht über die Ufer treten. Seinen Höchststand erreichte der Wasserpegel des Rheins bei Rees am 3. Januar 1926: unglaubliche 10,97 Meter.

Wasser schauen oder sich einfach wegträumen. Der Fluss liegt einige Meter tiefer. Kaum zu glauben, dass er regelmäßig sein Bett verlässt und über die Ufer steigt. Wie hoch, das zeigt die Markierung an der Ufermauer: Am 3. Januar 1926 betrug der Wasserpegel in Rees unglaubliche 10,97 Meter.

In der Fahrrinne des Rheins wälzen sich Frachtschiffe wie dickbauchige Wale durchs Wasser. Flussaufwärts Richtung Duisburg und weiter in die Schweiz, flussabwärts nach Rotterdam. In Ufernähe ankert der historische Aalschokker Anita. Während der Aalfänger seine Segel schon lange nicht mehr hisst, wartet wenige Meter weiter ein Ausflugsschiff einladend beleuchtet auf Passagiere. Warum nicht für eine Rundfahrt an Bord gehen (www. reeser-personenschiffahrt.de)? Oder doch lie-

ber den Sonnenuntergang von der Promenade aus beobachten, bevor der Tag zu Ende geht?

FAZIT: EIN GEMÜTLICHER SPAZIERGANG ZWISCHEN GESCHICHTE, KUNST UND RHEIN, DER BEI EINEM SCHÖNEN SONNENUNTERGANG AUSKLINGEN KANN.

Hin & weg: Mit Buslinie 47 oder 88 bis zum Busbahnhof Rees. Von dort in 5 Min. (650 m) zu Fuß zur Stadtmauer.

Dauer & Strecke: 1 Std. oder länger, wer sich im Sonnenuntergang verliert, 3 km.

Beste Zeit: Frühjahr bis Herbst.

Ausrüstung: Ein kleines Picknick fürs Rheinufer.

BARFUSS IM WALD

 … auf dem Ameisenpfad der Üfter Mark

 **#8**

Meist sieht man sie nicht, die Bewohner des Waldes. Zu klein, zu scheu. Wer ihnen auf leisen Sohlen folgt, barfuß nämlich, hat oft mehr Glück. Und entdeckt auf dem Ameisenpfad, wie schön sich Wald unter nackten Füßen anfühlt!

Dem Auge bleiben die kleinsten Waldbewohner zwar oft verborgen, sichtbare Spuren hinterlassen sie aber doch. Sie sorgen dafür, dass neues Leben entstehen kann.

und Farben erfreuen. Und mit etwas Geduld in der Stille das Rascheln von Igeln, das Hämmern von Spechten und melodischen Vogelgesang unterscheiden.

Aber wie fühlt sich der Wald eigentlich unter den Füßen an? Am Rand der Üfter Mark kann man es herausfinden. Start ist am Parkplatz Nottkamp: Schuhe aus, Strümpfe aus und mit den Füßen vorsichtig den Waldboden ertasten. Der Pfad ist von Kiefernnadeln bedeckt und ein Fußabdruck aus Holz weist die Richtung. Auf einer Bodenplatte ist »Baummarder« zu lesen, darüber der Abdruck einer Pfote.

Eine Sinnesreise durch den Wald unternehmen. Das kennt jeder. Bewusst einatmen, die vielen würzigen Gerüche tief in sich einsaugen. Die Augen am Spiel aus Licht, Schatten

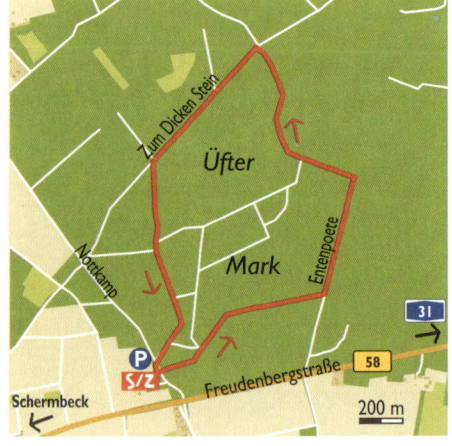

Hoch und licht ragen die Kiefern in den Himmel, ihre Nadelbüschel breiten sich wie kleine Fächer aus. Auf dem Boden wird es sandig, knorrige Wurzeln schlängeln sich über den Pfad. Am Wegesrand stapelt sich geschlagenes Holz, es liegt wohl schon länger dort. Wer mag, ertastet seine Struktur mit den Fingern. Etwas weiter eine Gruppe glatt polierter Baumstämme wie geschaffen zum Balancieren. Hält sich der nackte Fuß auf dem Rund der Stämme?

Bald greifen die Baumkronen enger ineinander und die Kiefern weichen dichterem Nadelgehölz. Die Luft wird frischer, feuchter und der Pfad ist von Moos gesäumt. Sogar die zerfurchten Baumrinden sind moosbewachsen. An ihrer Nordseite. Dorthin gelangen die Sonnenstrahlen nie. Wieder Bodentafeln: Kei-

Da ist ein wenig Gleichgewichtssinn gefragt: Wer barfuß bis hierher gekommen ist, darf sich auf den runden, von der Sonne gewärmten Holzbalken im Balancieren üben.

ler, Hirsch, Fuchs ... Sehen lässt sich keines der Tiere, aber das durchdringende Klopfen im Holz verrät einen anderen Waldbewohner: den Specht. Eine Spur im jetzt tiefen, weichen Sand entpuppt sich als Hufabdruck. Hier kreuzt ein Reitpfad den Weg. Pfützen vom letzten Regen machen den Untergrund etwas morastig und auf den winzigen Blättern von Bodendeckern glitzern Wassertropfen.

Der Weg ist ausgetreten, eben ist er aber nicht. Wer ihn bewusst erwandert, meistert ihn jedoch leicht. Jetzt dringen nur noch wenige Sonnenstrahlen bis auf den Boden, denn auf dem letzten Stück wird der Ameisenpfad von mächtigen Eichen flankiert. Und dann, viel zu früh eigentlich, öffnet sich das Blätterdach und entlässt die Wandernden wieder am Startpunkt.

Seinen Namen verdankt der 4,5 Kilometer lange Pfad übrigens den Waldameisen, über die Besucher an verschiedenen Infotafeln viel Wissenswertes erfahren.

> **FAZIT: LEICHTE, ABWECHSLUNGSREICHE WANDERUNG UND EIN INTENSIVES NATUR-ERLEBNIS FÜR ALLE SINNE.**

Hin & weg: Mit dem Fahrrad oder Pkw bis Nottkamp 5, Schermbeck.

Dauer & Strecke: 2 Std., 4,5 km.

Beste Zeit: Im Sommer frühmorgens oder am Abend, wenn die Waldbewohner aktiv sind.

Ausrüstung: Wasser für unterwegs, ein Feldstecher.

AB IN DIE BEEREN

 … Brombeeren pflücken am Eltenberg

 **#9**

Direkt in den Mund oder ins Körbchen für zu Hause: Brombeeren sind wunderbar saftig und wachsen üppig im Wald auf dem Eltenberg. Im Schatten von alten Eichen und schlanken Birken. Dort ist Beeren pflücken eine ganz besondere Eskapade!

Gut für die Beine und einfach. Die Hände werden gerne mal violett, wenn man nach den prachtvollsten Brombeer-Exemplaren tief im Gebüsch greift. Doch es lohnt sich!

Keine Angst vor großen Höhen: Den Eltenberg bezwingen auch Ungeübte spielend. Mit seinen 82 Metern am sonst so flachen Niederrhein darf der sich aber durchaus Berg nennen. Zum Beeren sammeln also rauf auf den Gipfel, ausgerüstet mit einem kleinen Weidenkorb. Oder einem großen, man weiß ja nie. Von Elten geht es die baumgesäumte Bergstraße hinauf und geradeaus weiter über die Lindenallee. Die Waden machen sich wirklich nur leicht bemerkbar, der Anstieg ist sanft.

Inzwischen wachsen die Bäume dichter, Sonnenstrahlen tanzen im Geäst. Es duftet mächtig nach Sommer. Wo die Van-der-Renne-Allee kreuzt, darf man ruhig schon Ausschau halten nach einem Abzweig rechts in den Wald. Und dann einfach ins Gebüsch. Hier scheint das Grün auf drei Etagen zu wachsen, Eichen und Birken breiten ihre lichten Kronen aus, darunter Haselsträucher und Eberesche, deren Beeren im Herbst so rot leuchten. Und Holunder mit dicken schwarzblauen Fruchtdolden, die Akzente ins Grün tupfen. Am Boden wippt ein dichter Teppich aus fedrigem Farn.

Schon bald kommen auch die ersten Brombeerbüsche in Sicht. Dicke schwarze Früchte, die an dürren Stängeln baumeln, lugen aus dem grün gezackten Blättermeer hervor. Für die saftigsten Beeren muss man vielleicht ein paar Kratzer in Kauf nehmen, denn sie verstecken sich gern hinter den dornigen Ranken. Abwechselnd in den Mund und in den Korb – welches Picknick könnte schöner sein? Begleitet von dem Rascheln der Blätter, dem leisen Surren klitzekleiner Waldbewohner und melodischem Vogelgesang.

Tipp: Natürlich sind nicht nur frisch gepflückte Brombeeren ein Genuss. Auch Brombeermarmelade oder -saft schmecken gut und sind ganz leicht selbst gemacht. Wenn es schnell gehen soll: einfach passierte Früchte mit Naturjoghurt verrühren, dazu eine Handvoll ganzer Beeren und gehackte Walnüsse darüberstreuen. Eventuell etwas braunen Rohrzucker. Mit essbaren Blüten garnieren – fertig! Weitere Brombeer-Pflückplätze findet man auf www.mundraub.org

FAZIT: KURZER WALDSPAZIERGANG MIT SPAßFAKTOR FÜR NASCHKATZEN UND KÜCHENQUEENS. DER IMBISS KANN ZU HAUSE BLEIBEN.

Hin & weg: Mit Buslinie L94 bis Elten/Markt. Über Bergstraße und Lindenallee hinauf zum Eltenberg.

Dauer & Strecke: 2–3 Std., 3 km inkl. Strecke vom Bus in den Wald.

Beste Zeit: Ende Juli bis Mitte Oktober.

Ausrüstung: Ein Körbchen für die Früchte.

EISENBAHN-
ROMANTIK

 ... bei Griethausen am Altrhein

#10

Kaum zu verfehlen: der allerbeste Ort für einen grandiosen Sonnenuntergang! Schließlich ist die alte Eisenbahnbrücke bei Griethausen fast einen halben Kilometer lang und thront als monumentales Stahl-fachwerk über Altrhein und Rheinwiesen.

#Eisenbahnbrücke #roterSonnenball #Altrhein #Romantik

Dem Sonnenuntergang und den Kirchturmspitzen entgegen.

Wer sagt eigentlich, dass Ausflüge tagsüber stattfinden müssen, gibt es doch Orte, die ihren Zauber am besten in der untergehenden Sonne entfalten? Wenn die Schatten länger werden und das, was tagsüber mit der Landschaft verschmilzt, plötzlich zu einer rotglühenden Kulisse wird.

Seit 1865 steht sie da, die alte Eisenbahnbrücke bei Griethausen. Eine Skulptur aus Stahl. Beeindruckend auch im Heute. Und Zeuge einer Zeit, als Bahnstrecken und Flüsse unsere wichtigsten Handelswege waren. Beide treffen hier an der Brücke noch einmal zusammen. Doch während der Schienenverkehr bereits 1987 vollends eingestellt wurde, trägt der Rhein unablässig Frachtschiffe gen Nordsee. Und wieder zurück.

Der Bus spuckt seine Gäste im Klever Stadtteil Griethausen aus. Wege sind kurz, die Brücke ist immer im Blickfeld. Nur ein paar

Zur blauen Stunde am Altrhein: Erst einmal das kieselige Uferband inspizieren, dann einen gemütlichen Picknickplatz suchen, Decke ausbreiten. Die Silhouetten im Gegenlicht lassen viel Raum für Fantasie.

Hundert Meter zu Fuß sind es bis zum Deich, der die Ortschaft vom Altrhein trennt. Zur

Rechten ist er nach Kellen benannt, zur Linken nach Griethausen. Namen sind wichtig, mag doch alles seine Ordnung haben. Eine schmale Autobrücke führt übers Wasser und gleich auf der anderen Seite zweigt links ein Pfad ab, der schnurgerade auf den Stahlriesen zuläuft.

Eine konkrete Vorstellung von Größe bekommt man ja meist erst im direkten Vergleich. Schulter an Schulter sozusagen. Oder Schulter an Pfeiler, auf denen die Brücke ruht. Während die Höhe noch greifbar ist, verlieren sich die Augen beim Versuch, den Stützpfeilern zu folgen, im Nirgendwo: 485 Meter sind es über den Fluss und die schier endlosen Wiesen, die bei Hochwasser im Herbst regel-

mäßig überflutet werden. Am Flussufer liegen rund gewaschene Kiesel, das Wasser ist
schön klar und wer genau hinsieht, entdeckt
hier und da Muscheln, klein und unschein-
bar, kaum von den Kieseln zu unterscheiden.
Stachelige Weidezäune und zarte Wildgräser
malen schon schöne Silhouetten ins Gegenlicht. Es wird Zeit, einen Platz zum Verweilen
zu suchen. Etwas abseits vom Wasser auf der
Uferwiese ist es perfekt.

Die Sonne zeigt, was sie kann, in einem Feuerwerk, das gleich doppelt brennt: von Gelb
über Orange zu Rosa und Violett am Himmel
und als Spiegelbild im Wasser. Schließlich ist
das Feuer erloschen, flackert aber noch hell
genug, damit man schnell auf den Deich klet-

tern und von oben einen letzten Blick auf die
Brücke werfen kann.

FAZIT: AN KLAREN TAGEN FARBSPEK-
TAKEL AM HIMMEL MIT DER SILHOUETTE
DER ALTEN EISENBAHNBRÜCKE. DECKE
AUSBREITEN, GENIEßEN. SO EINFACH
GEHT GLÜCKLICHSEIN!

Hin & weg: Ab Kleve mit Buslinie 50 bis Griethausen.

Dauer & Strecke: 1–2 Std., 2 km.

Beste Zeit: Ganzjährig.

Ausrüstung: Eine Decke für die Rheinwiesen.

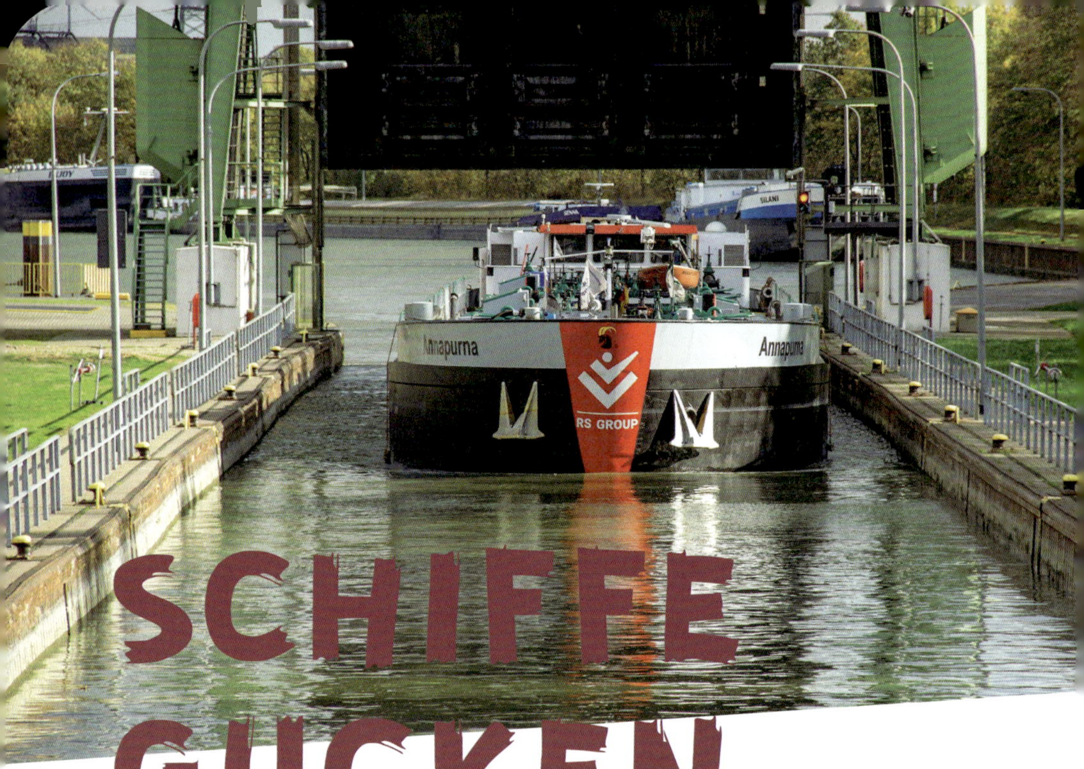

SCHIFFE GUCKEN

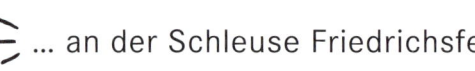

… an der Schleuse Friedrichsfeld

#11

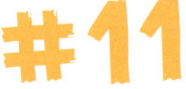

Draußen sein, nichts tun und trotzdem etwas erleben? Kann man wunderbar an der Schleuse Friedrichsfeld, wo sich Frachter vom Rhein in den Wesel-Datteln-Kanal drängeln. Im 90 Jahre alten Staubecken geht's rauf und runter!

#raufundrunter #Industriekultur #Schiffegucken #nichtstunistschön

Zaungäste. Während Besucher die Schiffe am hinteren Schleusentor gut im Blick haben, sitzen Möwen gleich in der ersten Reihe.

Wer die Emmelsumer Straße hinabfährt, hat das Verkehrsaufkommen im Kanal gleich im Blick. Hier liegen Schiffe in Warteposition. Auf dem Weg vom Rhein ins Kanalsystem, in die künstlichen Wasserstraßen, die Frachter und Co. auch dorthin leiten, wo natürliche Wasserwege fehlen. Auf der 60 Kilometer langen Strecke bis zum Anschluss an den Dortmund-Ems-Kanal sind ganze 43 Höhenmeter zu überwinden. Sechs Schleusen sorgen für ein zügiges Auf und Ab. Die in Friedrichsfeld bildet dabei den Auftakt, sie ist Teil der Route Industriekultur (www.route-industriekultur.ruhr). Am Kanalufer linksherum und ein kurzes Stück spazieren bis zur nächsten Bank: Das ist ein guter Platz, um sich zu orientieren. Lange kann es nicht mehr dauern, schließlich ist Friedrichsfeld rund um die Uhr besetzt. Wer jetzt rechts auf das Staubecken mit den mächtigen Toren zugeht, kann über schwankende Anleger ein paar Schritte hinaus aufs Wasser wagen und überblickt auch das Geschehen weiter unten im Kanal. Dort schiebt sich gerade ein zweites Schiff ins Blickfeld. Es tut sich was!

Die Angler am Ufer haben nur Augen für ihre Ruten. Fette Beute gibt es hier zwar nicht, lediglich Köderfische ziehen sie aus dem Kanal. Mit denen soll es aber später an den Rhein gehen und dort lauert der Zander.

51

Friedrichsfeld besteht eigentlich aus zwei Schleusen, einer kleineren, jüngeren und der großen alten Dame: dem 222 Meter langen Staubecken von 1930. Mit zwei mächtigen Torbögen in Hellgrün, dessen unterer für Besucher einen prima Ausguck bietet. Schilder weisen den Weg hinauf zur kleinen Brü-

cke direkt über dem Schleusentor. Vielleicht steht auch die Tür zum Wärterhäuschen offen und man erfährt aus erster Hand, wie so ein Hubvorgang abläuft: dass es etwa eine halbe Stunde dauert, bis das Staubecken gefüllt ist. Meist acht Meter sind zwischen Ober- und Unterwasser zu überbrücken. Sobald das

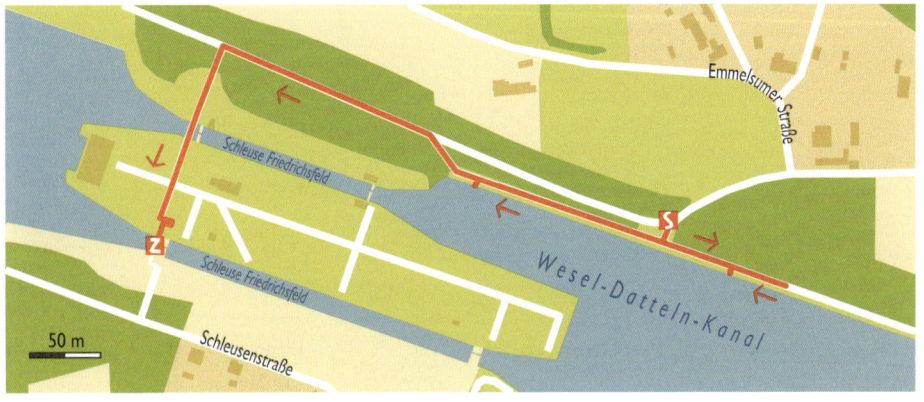

Vielfältige Wasserlandschaft: Hier der schnurgerade Wesel-Datteln-Kanal mit seinen Schleusen, dort die renaturierte Lippeaue, und aus der Ferne grüßt die Brücke über den Rhein, in den nicht weit weg davon die Lippe mündet.

wartende Schiff in die Schleuse eingefahren und das obere Tor geschlossen ist, öffnen sich Schütze im unteren und Wasser fließt ab.

Die Kraft der herausschießenden Fluten ist bis auf die Brücke zu spüren und sorgt für eine schöne Gänsehaut! Die Kammer entleert sich erstaunlich schnell. Viel zu schnell eigentlich. Schon öffnet sich das Tor, um den Passagier in den Kanal zu entlassen. Zum Glück wartet auf dem Oberwasser schon das nächste Schiff!

Tipp: Wer Lust hat, nach dem künstlichen Wasserweg auch einen Blick auf einen renaturierten zu werfen, macht einen kurzen Abstecher zur Dinslakener Landstraße (3,5 km). Von der Brücke genießt man den schönsten Blick auf die Lippeauen und die Flussmündung in den Rhein.

FAZIT: WENN DIE FÜßE FAUL SIND UND DIE NASE FRISCHE LUFT SCHNUPPERN MAG, IST DER NERVENKITZEL BEIM BLICK INS SCHÄUMENDE WASSER GENAU RICHTIG.

Hin & weg: Mit dem Auto bis Emmelsumer Straße 241.

Dauer & Strecke: Je nach Schiffsaufkommen 1,5–2,5 Std. Ein Hubvorgang im großen Becken dauert ca. 1 Std. Wer sich auch die nahe Lippemündung ansehen möchte, plant eine halbe Std. extra ein, 3,5 km.

Beste Zeit: Wenn es trocken ist. Geschleust wird meist rund um die Uhr.

Ausrüstung: Picknick und Decke für die Wartezeit. Und ein Smartphone, um das Spektakel festzuhalten!

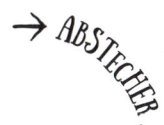

BLAUPAUSE

⟩ ... Flirt mit der Hohen Mark ⟨

#12

Wer sich nicht entscheiden kann zwischen Wandern in Wald oder Flur, Moor oder Heide, im Frühjahr, Sommer, Herbst oder Winter, der ist in der Hohen Mark richtig. Die mogelt sich ein klein wenig über den Niederrhein hinaus und flirtet mit dem Münsterland. Da flirtet man gern mit!

Im historischen Tiergarten von Raesfeld begegnen Spaziergänger archaischen Holzskulpturen und scheuen Waldbewohnern. In dem Areal lebt Rot- und Damwild, Gehege gibt es aber keine.

Wo der Niederrhein beginnt und wo er endet, das weiß niemand so genau. In der Hohen Mark schmiegt er sich so schön ans Münsterland, dass man ohne es zu bemerken schnell einmal bei den Westfalen ist. Wer Lust auf Vielfalt und einen ausgedehnten Spaziergang hat, der steuert dort den Tiergarten Schloss Raesfeld (www.raesfeld.de) an. Der Name ist etwas irreführend: Zwar lebt in dem Waldstück seit einigen Jahren

Erlen, Eichen, Birken, Buchen, Pappeln und mehr wachsen in dem weitläufigen Waldgebiet: ihre Blätter sammeln, sie zu Hause pressen und dann mithilfe von Solarfotopapier schöne Blaupausen anfertigen.

wieder Rot- und Damwild, doch Gehege, die gibt es hier nicht.

Direkt am Schloss wird geparkt. Liebhaber ehrwürdiger alter Gemäuer umrunden es einmal. Dem Pfad folgend passiert man das Naturparkhaus, einen gläsernen Kubus mit einem Kern aus Holz. Reflektionen im Glas heben die Grenzen zwischen Gebäude und Natur auf. Drinnen gibt es eine Lernwerkstatt für Kinder und Jugendliche und eine Ausstellung zum Wandel der Kulturlandschaft durch die Energiewende. Noch schnell die Baumscheiben gegenüber studieren: Erle oder Eiche, Birke oder Buche, Esche, Fichte oder Pappel? Die Maserung erzählt es uns!

Rechtsherum geht es in die Hagenwiese. Dort liegt gleich links ein Naturerlebnispfad für kleine Besucher. Auf die Großen warten Holzskulpturen beiderseits des Wegs. Um allen von ihnen näherzukommen, darf man auch durch den Graben klettern. Wo sich rechts der Lange Teich grün schimmernd ausbreitet, den linken Pfad nehmen und bei der nächsten Gelegenheit rechts durch ein Tor abbiegen. Genau genommen lässt man sich vom Verlauf des Wegs leiten und der führt jetzt erst einmal geradeaus.

Hier zeigt sich im Kleinen, was die Hohe Mark im Großen ausmacht: Heide und Venn, Wald, Wiesen und Bachläufe – wer sich rechts ins Gebüsch schlägt, stößt bald auf die Wellbrockquelle. Und dann verläuft der Weg parallel zu Palisaden, mit denen Alexander II., Reichsgraf von Velen, einst das Gelände einfasste, um Großwild zu halten. Das erklärt auch den

Namen Tiergarten. Wer mag, macht einen kleinen Abstecher nach rechts zur Obstwiese oder hebt sich den für den Rückweg auf.

Ein weiteres Tor entlässt den Wanderer am Lehmbrockweg aus dem Tiergarten. Ein kurzes Stück links und dann zügig rechts in den Hersfort, über Am Breiten Winkel und den Hogefeldsweg schließlich zurück über den Schaddenbrook, der durch ein kleines Waldstück wieder auf den Lehmbrockweg und in den Tiergarten führt.

Tipp: Entlang des Wegs gibt es die unterschiedlichsten Baumarten mit interessant geformten Blättern. Unterwegs einige sammeln, zu Hause pressen und mithilfe von Solarfotopapier Blaupausen davon anfertigen. Eine nette Erinnerung und eine spannende Beschäftigung für Kinder!

Hin & weg: Parkplatz Schloss Raesfeld, Tiergarten 1, Hagenwiese 40.

Dauer & Strecke: 3–4 Std. für eine flotte Wanderung oder ein ganzer Nachmittag, um aus Blättern hübsche Blaupausen zu machen, 11,5 km.

Beste Zeit: Ganzjährig. Zum Blättersammeln Sommer und Herbst.

Ausrüstung: Bequeme Wanderschuhe, die je nach Jahreszeit leicht oder schwerer sein dürfen. Solarfotopapier für zu Hause.

FAZIT: LANGE, ABER LEICHTE WANDERUNG DURCH EINE ABWECHSLUNGSREICHE LANDSCHAFT, DIE STOFF FÜR SCHÖNE SOUVENIRS LIEFERT.

ABSTECHER ...

IM TEEGARTEN

⋝ ... Oase in der Millingerwaard ⋜

#13

Flüsse kennen keine Grenzen. Wer also dem Lauf des Rheins folgt, hat oft schon holländischen Boden unter den Füßen, ohne es zu wissen. Nur einen Steinwurf jenseits der Landesgrenze gabelt sich der Strom in Waal und Nederrijn. Dort liegt die Millingerwaard. Und mittendrin ein Teegarten.

Die Polderlandschaft ist jung und ihre Vegetation noch ganz zart und licht. Der mediterran anmutende Teegarten versteckt sich in der weitläufigen Millingerwaard. Um ihn zu erreichen, spaziert man quer durch die Polder.

Am Duffeltdijk, dort, wo der Turm der Laurentiuskirche hinter den Baumspitzen hervorlugt, zweigt links ein Weg ab in die Millingerwaard. Rechts tanzen ein paar Briefkästen aus der Reihe, links duckt sich ein Häuschen hinter den Deich. Die Millingerwaard ist ein Polder. Der Wanderweg ist sandig und schön breit, gesäumt von hochgewachsenen Weiden, hinter denen Tümpel grünlich schimmern. Neophyten mit fuchsienfarbenen Blüten haben die Ufer erobert, die Bienen lieben die Spätblüher.

Vor einem Viehrost ein Warnschild: Hier beginnt der Weidegrund für die robusten Konik-Ponys und Galloway-Rinder. Rund 150 Huftiere leben in der Millingerwaard, sorgen für eine natürliche Beweidung und die Ausbreitung von Pflanzen. Bei Sichtung solle man Abstand halten, dann funktioniert das

in der Auenlandschaft geben, selbst ein See-adler wurde schon gesichtet. Jetzt führt ein niedriger Damm durch das Wasser, aus der der Ferne grüßt der Schornstein einer Ziegel-fabrik. Davor, im Gegenlicht kaum zu erken-nen, die Koniks.

In der Millingerwaard lenken natürliche Bar-rieren wie Wasserflächen oder dichte Auen-wäldchen den Weg. Und ziemlich sicher führt der schließlich zum »Theetuin«, dem Teegar-ten (www.millingerteegarten.de). Die kleine Oase ist als Garten auf verschiedenen Ebenen angelegt, voller lauschiger Nischen, Terrassen und Zierteiche mit mediterranem, ja beinahe orientalischem Charakter. Etwas irreführend ist der Name, denn wer mag, kann bereits zum Frühstück oder Mittagessen herüberspa-zieren. Oder zu Yoga und Meditation. Mit neu-er Energie geht es zurück an den Startpunkt. Vielleicht auch mit einer kleinen Schleife über einen der noch unbekannten Wege in die Nähe der Koniks?

Tipp: Das malerische Millingen aan de Rijn gehört zu den kleinsten Gemeinden der Nie-derlande. Warum nicht in einem Bed & Break-fast (www.bedandbreakfastmillingen.nl) über-nachten, um die Umgebung am nächsten Tag weiter per Rad zu erkunden? Auch Groesbeek (Eskapade #26) liegt gleich nebenan.

Miteinander gut. Bald gabelt sich der Weg, auf dem Spaziergänger und Radfahrer be-quem nebeneinander Platz haben. Irgendwo treffen die Abzweige wieder aufeinander. Wer als Ziel jedoch den Teegarten hat, folgt hier den entsprechenden Wegweisern aus Holz. Vorbei an einer ausgedehnten Wasserfläche voller stiller Watvögel, Enten und laut schnat-ternder Gänse. Auch Schwarzstörche soll es

Hin & weg: Zum Beispiel mit der grenzüberschrei-tenden Buslinie 60 ab Kleve bis Millingen am Rhein/ Millingen aan de Rijn.

Dauer & Strecke: 3,5 Std, ca. 5 km.

Beste Zeit: Anfang April bis Ende Oktober.

Ausrüstung: Bequemes Schuhwerk, Feldstecher.

FAZIT: QUERFELDEIN DURCH EINE LICHTE AUENLANDSCHAFT MIT TOLLER MÖGLICH-KEIT ZUR VOGEL- UND TIERBEOBACHTUNG.

MUNDRAUB

⟩ ... Äpfel pflücken rund um Ringenberg ⟨

#14 Viel zu schade, wenn sich Obstbäume im Spätsommer und Herbst schwer unter ihren Früchten biegen, aber niemand erntet. Dabei schmeckt Selbstgepflücktes doch so viel besser auf Kuchen und Co.! Leckere Äpfel für den Mundraub gibt's in Ringenberg.

des Kölner Architekten Dominikus Böhm. Klar und schnörkellos steht es da, mehr Turm als Kirche. So anders. Und eine gute Landmarke für den Rückweg.

Es geht über den Deichweg, eine kurvige Allee mit altem Baumbestand, in Richtung Norden. Nach rund 300 Metern zweigt links der Kranendeich ab und schon ist man mittendrin in Feld und Flur. Wer Großartiges erwartet, darf gedanklich einen Gang zurückschalten. Es sind die kleinen Dinge, die hier im Mittelpunkt stehen: das Gras, das sich so schön im Wind bewegt, die wenigen Wolken, die über den Himmel ziehen, einzelne Bäume.

Dem Kranendeich folgt man ein Stück weit geradeaus. Nach etwa 200 Metern – es ist der zweite Abzweig – geht es links in einen Feldweg und schon kommen die Apfelbäume in Sicht. Sechs oder sieben sind es. Der Heimatverein hat sie vor einigen Jahren gepflanzt, einfach so für Naturliebhaber. Und die dürfen hier nach Herzenslust pflücken. Vom Baum in den Mund, das ist besonders lecker. Dann den Korb befüllt. Ein Korb reicht, denn andere »Mundräuber« möchten vielleicht auch noch ernten. Auf dem gleichen Weg geht es zurück

Sich zu verlaufen, das ist recht schwer in Ringenberg. Der kleine Ortsteil von Hamminkeln umarmt das gleichnamige Schloss, schmiegt sich tief in die Isselniederungen und ist vor allem eines: überschaubar. Startpunkt für die kleine Eskapade ist die Kreuzung an der Christus-König-Kirche, dem eigenwilligen Bauwerk

Heimatgefühl und Glücksmoment im Spätsommer und Herbst, wenn die große Ernte beginnt: durch den Schlossgarten streifen, die heruntergefallenen Äpfel aufsammeln und gleich mal in einen hineinbeißen.

zur Kirche. Dort die Hauptstraße überqueren und die Allee, die hier Wolfsdeich heißt, entlangspazieren, bis linkerhand das Schloss auftaucht. Eine kleine Brücke führt in den Park, der genau genommen eine herrliche Obstwiese ist – mit schmalen Pfaden ringsherum und einigen mitten hindurch.

Kurze Verschnaufpause auf einer der Holzbänke gefällig? Gute Idee: Der Korb in der Hand hat schon ein ganz schönes Gewicht. Hier am Schloss darf man nicht pflücken, aber alles einsammeln, was vom Baum gefallen ist. Macke am Obst? Macht doch nichts! Denn für Apfelkuchen und Kompott wird das Obst sowieso klein geschnippelt!

Tipp: Früchte auch in der Nähe vom eigenen Wohnort finden auf www.mundraub.org. Dort sind Pflückorte für Obst und Beeren, Nüsse,

Kräuter und mehr gelistet. Eigene Fundorte eintragen geht auch (vorher Eigentumsrechte klären!) oder sich zu gemeinsamen Pflückaktionen verabreden.

FAZIT: VON DER HAND IN DEN MUND ODER AUF DEN KUCHEN. ENTSPANNTER SPAZIERGANG MIT KÖSTLICHER BEUTE.

Hin & weg: Mit Buslinie 64 bis Ringenberg Ort oder mit dem Pkw zum Parkplatz Hauptstraße, Ecke Wolfsdeich und zu Fuß weiter.

Dauer & Strecke: Zwei Stündchen oder drei, 3,1 km.

Beste Zeit: Hier werden die Äpfel zwischen August und Oktober reif.

Ausrüstung: Lust auf Obst und einen selbst geflochtenen Korb dazu (siehe Eskapade #25)?

WALD-
BADEN

⇒ ... in der Leucht ⇐

#15

Im Wald schwimmen? Nein, das trifft es nicht. Eher, in die Natur eintauchen, sich ganz und gar auf die Stille, die vielen kleinen Details einlassen. Möglichst ohne festen Zeitplan. Ja, das ist Waldbaden!

dem Waldboden. Unter jedem Schritt gibt er so weich nach und fühlt sich so gut an! Ganz von selbst werden da die Schritte kürzer, das Tempo langsamer und die Sinne empfindsamer.

»Waldbaden fängt im Kopf an«, sagt Hermann Schmidt (www.waldbaden-nrw.de), Dozent an der Sporthochschule Köln und autorisierter Guide. Mit ihm kann man auf geführten Touren der Atmosphäre des Waldes nachspüren. Aber allein geht es natürlich auch. Hauptsache, man bewegt sich wirklich im Grünen, genießt, ist einfach »da«. Dann tut man viel Gutes für sich selbst.

Den Leichenweg säumen alte Baumriesen. In eine mächtige Buche sind Namen und Herzen geritzt. Zwischen den Stämmen wächst hüfthoher Farn und Wanderer wirken verschwindend klein. Einen Baum umarmen – ist das nicht etwas befremdlich? Wer es wagt, dabei die Augen schließt und tief einatmet, der empfindet es plötzlich als etwas ganz Natürliches. Und wer weiß, dass eine mächtige Buche nach einem heißen Tag 300 bis 500 Liter Wasser »trinkt«, der presst neugierig sein Ohr an den Stamm und hört auch ein deutliches Gurgeln! Kommt man dem Baum ganz nah, passiert noch mehr: Bäume und Pflanzen setzen nämlich Terpene frei, mikrobiologische Duftstoffe, auf die auch der Mensch positiv reagiert. Sie stärken das Immunsystem.

Etwas weiter den Weg hinauf öffnen sich die Bäume und Farne und geben den Blick frei aufs Saure Veen, ein kleines Moor. Hier gibt es Bänke. Noch besser, man setzt sich einfach aufs mitgebrachte Kissen. Mit dem Rücken an einen Baumstamm lehnen, nach oben schauen und beobachten, wie Sonnenstrahlen die bunten Blätter aufleuchten lassen. Auf ihr leises Ra-

Die Leucht ist riesig! Über rund 12 000 Hektar erstreckt sich der zauberhafte Mischwald nördlich von Kamp-Lintfort. Mit Bestand aus alten Eichen und Buchen – einige sind Naturdenkmäler und bis zu 260 Jahre alt –, sumpfigem Erlen- und Birkenbruch und kleinen Mooren. Dazwischen schöne Lichtungen. Zahllose Wege und Pfade, die das Waldgebiet durchkreuzen, führen den Wanderer an wirklich märchenhafte Orte.

Ein guter Startpunkt fürs Waldbaden in der Leucht ist der Wanderparkplatz an der Kreuzung Xantener Straße und Stappweg. Dort die Straße überqueren und erst einmal geradeaus. Der Weg ist noch asphaltiert und es geht flott voran. Wo nach einer Weile der Leichenweg links abbiegt, weicht harter Asphalt federn-

Natur mit allen Fasern des Körpers genießen – etwa die Sonnenstrahlen, die das bunte Laub aufleuchten lassen.

scheln horchen, vielleicht auf Vogelstimmen, den Duft des Waldes ganz in sich aufsaugen. Möglichst bewusst – das ist Waldbaden!

Tipp: Beim Waldbaden geht es um ganz persönliche Wohlfühlorte. Also einfach mal von der Route abweichen und den eigenen aufspüren.

Hin & weg: Ab Wanderparkplatz Xantener Straße/Kreuzung Stappweg.

Dauer & Strecke: Waldbaden bedeutet auch, der Schnelligkeit zu entfliehen: Also einfach mal ohne Zeitplan losgehen! Zum Sauren Veen und zurück sind es beispielsweise 2 km.

Beste Zeit: Frühjahr bis Herbst.

Ausrüstung: Proviant, Decke und/oder Sitzkissen.

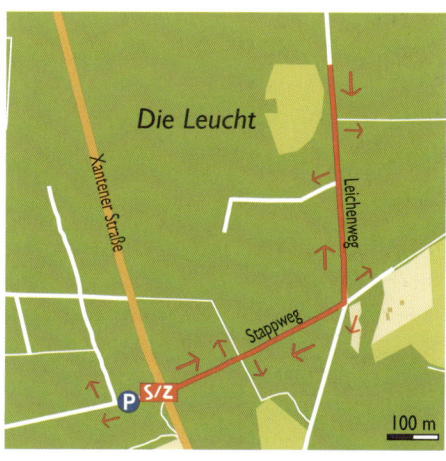

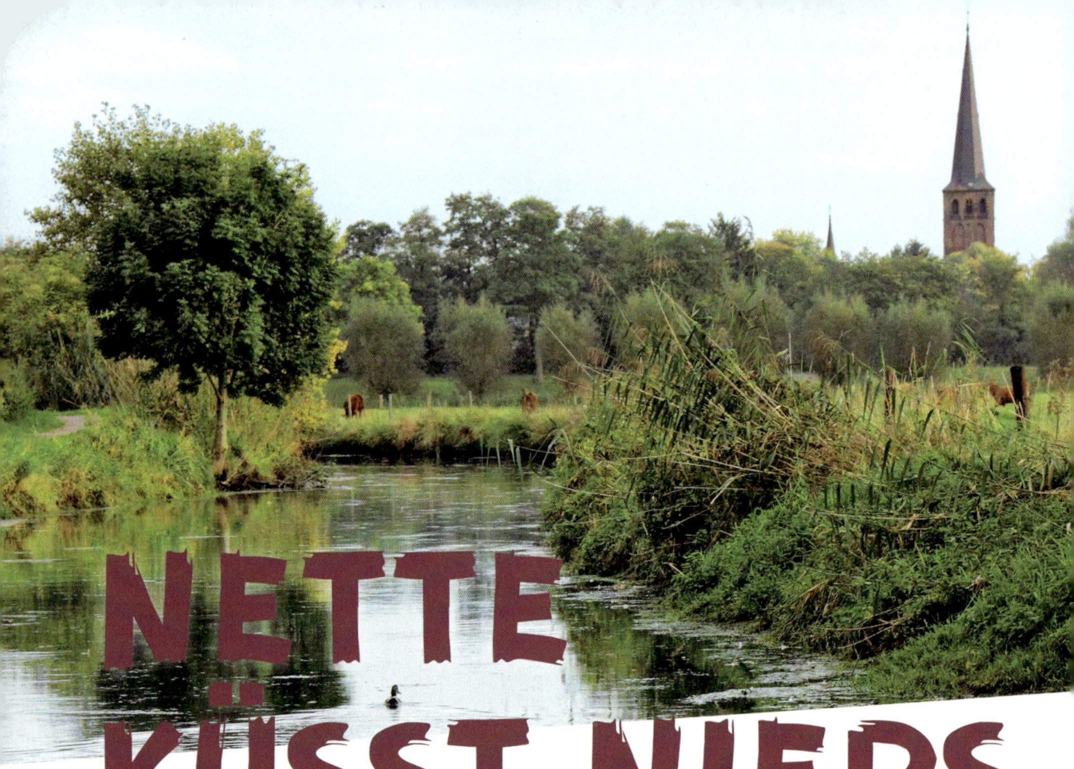

NETTE KÜSST NIERS

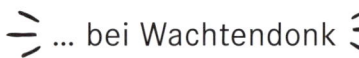

... bei Wachtendonk

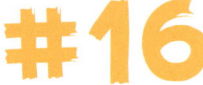

#16

Können sich Flüsse küssen? Können sie! In den Auen bei Wachtendonk treffen sich Nette und Niers, um dann in ruhigen Wellen gemeinsam weiter gen Niederlande zu fließen. Per Muskelkraft geht es über die Flüsse. Geschichtenerzählen aus dem Off der Natur inklusive.

#nahamWasser #Naturerlebnis #Fähre #NaturparkSchwalm-Nette

Ganz gemächlich fließt die Niers bei Wachtendonk der Nettemündung entgegen und lässt sich spielend leicht per Seilfähre überqueren.

Nur ein Katzensprung ist es von Wachtendonk bis an die Ufer der Niers. Ideal für ein paar Stunden frische Luft – tief durchatmen, Gedanken ordnen. Einfach mal zwischendurch.

An der Wankumer Straße am Ortsrand geht es los. Hier befreit sich die Niers aus der Umarmung der schmucken alten Häuser und kann sich wieder ganz zwanglos entfalten. Ein Wegweiser markiert den schmalen Pfad zur Nettemündung. »Nette trifft Niers« steht da. Der Weg ist eben und genau richtig für einen zügigen Gang, wäre da nicht das verlockende Ufer, das zum Beobachten und Lauschen einlädt. Hier gibt der Fluss den Ton an, darf zwischen Acker und Wiesen die Landschaft formen, ganz wie er will. Das Wasser, das so unaufgeregt fließt, ist glasklar und lässt den

71

Blick bis auf den Grund fallen, wo sich lang-fingrige Pflanzen in der Strömung wiegen. Das wirkt beinahe meditativ. Während Entenfamilien vor den nahenden Spaziergängern eilends

aus der Uferböschung aufs Wasser flüchten, ziehen Schwäne weiter ungestört ihre Bahn. Der elegante Weißstorch hat sich wieder in den Auen der Niers niedergelassen, seit sie bei Hochwasser hier und da über ihre Ufer treten darf und manchen Leckerbissen an Land schwemmt. Das lockt auch Barsche, Rotaugen und Hechte. Und Angler, die geduldig ihre Ruten auswerfen.

Wie eine Marionette, die auf den Puppenspieler wartet, baumelt eine kleine Selbstbedienungsfähre an Drahtseilen über dem Wasser. Sie bleibt einstweilen links liegen. Denn noch ist die Mündung nicht erreicht, noch spielt sich alles an der rechten Uferseite ab, wo sich der Pfad im Takt des Flusses windet und hinter jeder Wegbiegung neue, schöne Ausblicke präsentiert. Und dann schiebt sich ganz ein-

Von den »Wasser.Blicken« gibt es eine ganze Menge am Niederrhein. Spaziergänger lauschen den Erzählungen aus dem Off und erfahren mehr über den Fluss, die Menschen und ihre gemeinsame Geschichte.

ladend eine schlichte Holzbank mitten in den Weg. Hier trifft die Nette die Niers.

Innehalten, Platz nehmen und zusehen, wie die ruhig fließenden Gewässer unter der Kuppel schattiger Baumkronen eins werden. Ins Gras ist eine runde Tafel eingelassen, zwei Fußabdrücke markieren den »Wasser.Blick 01« und fordern auf: »Lass dir was erzählen!« Wer die angegebene Rufnummer wählt, erfährt in zwei Minuten die bewegte Geschichte hinter den Flüssen. Und lässt sie dann weiterziehen. Richtung Holland.

Der Weg zurück führt geradewegs zum Wassergefährt, auf dem selbst Fahrräder Platz finden. Einsteigen, am Schwungrad drehen und sanft schaukelnd ans andere Ufer übersetzen. Das ist ganz leicht, denn die Strömung ist ja nicht stark. Auf der anderen Seite zwischen Pferdekoppeln spazieren oder eine etwas größere Runde wählen und das wenige Meter entfernte Netteufer als Wegweiser zurück nach Wachtendonk nehmen.

Hin & weg: Mit Buslinie 063 bis Friedensplatz. Danach zu Fuß Richtung Niersaue.

Dauer & Strecke: 2–3 Std., 2,8 km.

Beste Zeit: Ganzjährig.

Ausrüstung: Festes Schuhwerk.

> FAZIT: ABSCHALTEN PUR. TOLLER SPAZIERGANG, UM DIE SEELE BAUMELN ZU LASSEN UND GANZ NAH AM WASSER ZU SEIN. SCHÖN ZU JEDER JAHRESZEIT.

WO DER BIBER BAUT

≥ … in der Naturwaldzelle am Dalheimer Klosterhof ≤

#17

Sie duften anders, sie hören sich anders an. Und beim nächsten Besuch sehen sie vielleicht schon wieder ganz anders aus: Naturwaldzellen. Wie die am Dalheimer Klosterhof, wo Biber aus einer Moor- eine Seenlandschaft geschaffen haben.

Der Bus entlässt seine Passagiere an der Dalheimer Mühle. Wer hier gleich einmal seine Ohren spitzt, hört das Mühlrad und das plätschernde Wasser des Rothbachs, der nur wenige Meter weiter »Rode Beek« genannt wird. Denn dort am Steg mit den Holzbohlen, die sich im dichten Wald verlieren, liegt schon Holland. Die Mühle im Rücken, vorbei am Mühlweiher, geht es erst einmal geradeaus. Das Sträßchen ist asphaltiert wie übrigens der ganze Weg, sodass man leichtfüßig wandern oder ganz einfach nur spazieren gehen kann. Nach rund 500 Metern liegt linkerhand ein ehemaliges Zisterzienserkloster. Schon

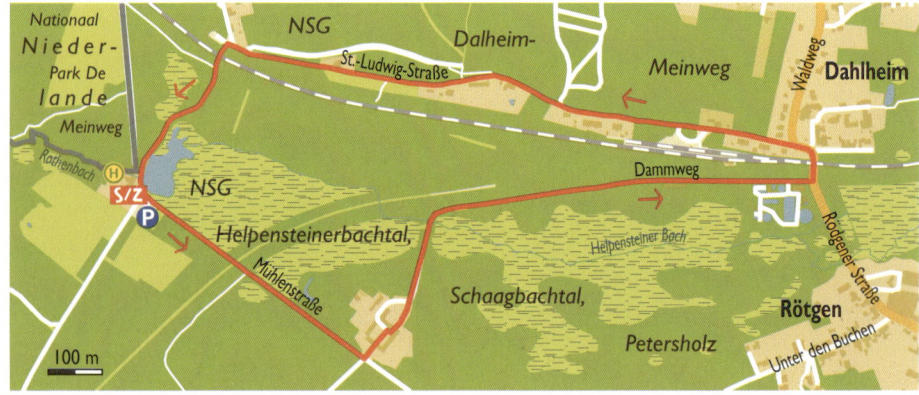

Naturwaldzellen sind vor allem eines: anders. Stille, Geruch und Ursprünglichkeit verdichten sich zu einer eigentümlichen Atmosphäre, die diesen Wald so unverwechselbar macht.

1802 von Napoleon aufgelöst, beherbergt der Dalheimer Klosterhof heute Wohnungen. Durch das Tor betritt man den Innenhof und schon bald eine ganz andere Welt.

Jenseits des Klosters dem Dammweg folgen und in sich horchen: Das Herz schlägt schneller, der Atem stockt, die Atmosphäre verändert sich spürbar. Denn die Natur ist hier so ganz anders. Und man passt sein Tempo gleich an – an den Ort, der in der Zeit verharrt.

Zwischen den schlanken Bäumen schimmert Wasser. Dort tiefschwarz, hier grünlich, etwas weiter türkis. Unwirkliche Farben im Erlenbruch, den Biber seit einiger Zeit in eine echte Seenlandschaft verwandeln. Und man lässt sie gewähren, denn Naturwaldzelle bedeutet ja, dass die Natur sich selbst überlassen bleibt. Den Pflanzen und Tieren. Die Bäume haben unregelmäßige Stämme und stehen dicht beisammen. Verliert einer den Halt, bleibt er liegen.

Eine Mauer bietet einen perfekten Sitzplatz. Von dort fällt der Blick auf ein weit überflutetes Stück Bruchwald. Auf die toten Stämme, wie sie sich im Wasser spiegeln. Aber so ganz tot sind sie nicht, vielmehr sind sie ein Mikrokosmos, ein Habitat für kleinste Lebewesen. Die Stille ist beinahe absolut. Bis sich ein Schwarzspecht mit seinem typischen Hämmern bemerkbar macht. Das tiefe Echo breitet sich aus. Verändert man seine Position ein wenig, lässt sich der Baum, den der Zimmermann mit seinem kräftigen Schnabel gerade attackiert, ziemlich gut bestimmen. Doch der Stamm ist zu hoch und der Specht zu gut getarnt. Mit den Bibern verhält es sich genauso. Die Waldbewohner bleiben verborgen.

Weiter dem Dammweg folgen, langsam, immer wieder innehalten und die besondere Atmosphäre in sich aufnehmen. Nach einer Weile ist die Rödgener Straße erreicht. Hier geht es linksherum über die Sankt-Ludwig-Straße wieder in Richtung Dalheimer Mühle. Oder doch den gleichen Weg noch einmal zurück? Das ist beinahe schöner!

Tipp: An oder nahe der Dalheimer Mühle kreuzen verschiedene Wander- oder Radrouten: die durch den Birgeler Urwald (Eskapade #44) oder entlang des Rode Beek. Wer sich für alte (Wasser-)Mühlen interessiert, folgt der Mühlenroute (www.rheinischer-muehlenverband.de).

FAZIT: VON EINHUNDERT ZURÜCK AUF NULL: ENTSCHLEUNIGUNG AUF NUR DREI KILOMETERN. MIT LANGZEITEFFEKT!

Hin & weg: Mit dem MultiBus (Anmeldung unter Tel. 02431/88 66 88) zur Dalheimer Mühle oder im Auto zum dortigen Wanderparkplatz.

Dauer & Strecke: Für ganz viel Schauen und Entdecken im Urwald und für ein Käffchen in der Dalheimer Mühle 2–3 Std., ca. 3 km.

Beste Zeit: Herbst bis Frühjahr. Im Sommer gibt es in den Feuchtgebieten viele Mücken.

Ausrüstung: Ein Fernglas vielleicht, um Biber und Specht auf die Spur zu kommen.

VORSICHT, PIEKST!

 ... Maronen sammeln bei Bönninghardt <

#18

Das Datum darf man sich dick im Kalender anstreichen, denn die Erntezeit ist kurz und die Konkurrenz groß. Schließlich schmecken Maronen auch Eichhörnchen und Wildschweinen gut. Wer sich aber sputet, hat es leicht: Esskastanien liegen zum Aufsammeln auf dem Waldboden.

#stacheligeFreunde #Grassodenhaus #Herbstgemütlichkeit

Ess- oder Edelkastanienbäume
gedeihen nur in einem besonders
milden Klima.

Am Niederrhein sind sie eher selten, die leckeren Maronen. Schließlich haben sie es gern warm. Glücklich, wer einen Ernteplatz kennt! Einer liegt im Waldstück vor den Toren von Bönninghardt und ist ganz leicht zu finden. An der Bönninghardter Straße geht es ortsauswärts Richtung Sonsbeck. Dort, wo der Kirchturm freundlich zum Abschied grüßt, darf man sich kurz von seinem Vorhaben ablenken lassen, rechts über die Wiese laufen und eine Plaggenhütte aus der Nähe betrachten. Nicht original, denn dem Zahn der Zeit wi-

Was die Erde hergibt: In früheren Zeiten lebten auf der kargen Bönninghardter Heide arme Besenbinder in Hütten aus ausgestochenen Grasnarben – den »Plaggen«.

direkt vor die Füße. Also ein wenig links und rechts schauen, den Farn zur Seite biegen und ja nicht vergessen, Handschuhe anzuziehen, denn die stacheligen Hülsen haben es in sich. Wenn die Kastanien vom Baum fallen, sind sie reif. Beim Aufprall zerplatzen die Hülsen. Das Herauslösen der Früchte ist zu Hause am Küchentisch aber sicher einfacher als im Wald. Der öffnet sich hier zu einer Lichtung, auf der Pferde und Esel einträchtig grasen. Auch hier überall Maronen. Die Ernte ist gut. Wer seine Taschen endlich prall gefüllt hat, darf sich aufs Rösten freuen.

Das ist übrigens ganz einfach: Maronen aus der Hülse lösen, die Schale an der gewölbten Seite mit einem scharfen Messer kreuzweise einritzen und für 30 bis 60 Minuten in kaltes Wasser legen. Ofen auf 180 Grad vorheizen. Die Früchte mit ihrer flachen Seite auf ein Backblech legen und etwa 20 Minuten rösten. Fertig! Am besten lässt sich der essbare Kern von der Schale befreien, wenn die Maronen noch heiß sind.

Tipp: Esskastanien sind nicht lange lagerfähig, sie lassen sich aber sehr gut trocknen oder einfrieren.

derstehen Hütten aus Grassoden, den »Plaggen«, natürlich nicht lang. Einst waren sie die typischen Behausungen armer Besenbinder, die als Siedler aus der Pfalz auf die unfruchtbare Bönninghardt – Straße, Ort und die karge Heide auf dem hiesigen Höhenzug tragen den gleichen Namen – strandeten. Die letzte Plaggenhütte im Ort war bis um 1890 bewohnt.

Von hier sind es nur noch wenige Hundert Meter bis zum Waldstück. Die ersten Kastanien liegen auf dem Weg. Einige noch in ihrem stacheligen Kleid, andere von Wanderfüßen und Fahrradreifen zerquetscht. Für eine gute Ernte muss man sich also ins Dickicht schlagen. Links der Straße sieht es vielversprechend aus. Es gibt einige Wanderpfade, aber die besten Maronen fallen einem schließlich nicht

FAZIT: HERBSTLICHER SPAZIERGANG, BEI DEM MAN AUCH MAL IN DIE KNIE GEHT UND DURCHS GEBÜSCH KRIECHT. WIRD MIT LECKERER BEUTE BELOHNT!

Herrlich duftend und warm aus dem Ofen: Geröstete Maroni sind ein echter Genuss – und lassen sich auch als köstliche Suppe und Beilage zubereiten. Da mag man gleich noch einmal zum Sammeln in den Wald!

Hin & weg: Mit dem Bürgerbus (nur werktags) ab Alpen bis zur Bönninghardter Kirche.

Dauer & Strecke: Ca. 10 Min. zum Waldstück, 2–3 Stündchen fürs Kastanien sammeln, 1 km.

Beste Zeit: Ende September bis Mitte Oktober.

Ausrüstung Gartenhandschuhe, feste Schuhe, Baumwollbeutel oder ein großer Korb.

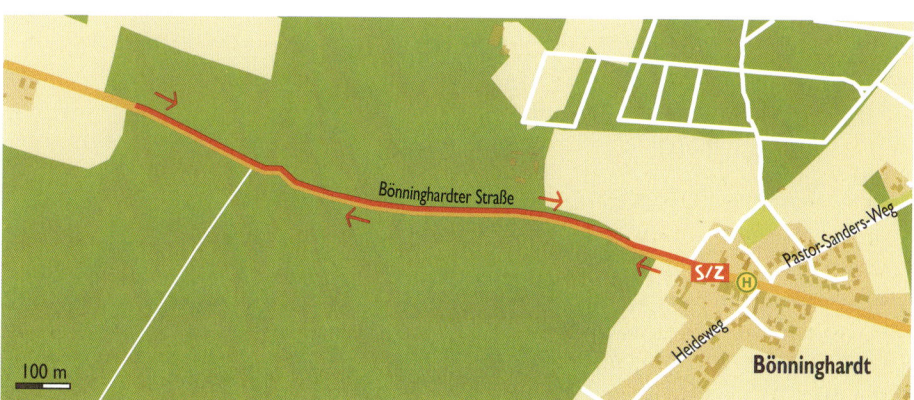

100 m

Bönninghardter Straße

Pastor-Sanders-Weg

S/Z

Heidewег

Bönninghardt

AM SCHWARZEN WASSER

>‹ ... im Diersfordter Wald ›‹

#19

Ein dunkler Weiher, der sich tief in die Landschaft duckt. Ein Versteckspiel hinter Bäumen und Büschen. Wie die Wege rund ums Schwarze Wasser, so wollen auch die Aussichten dort erobert werden. Neue Blickwinkel mit jedem Auf und Ab. Geduldige entdecken hier seltene Waldbewohner.

#MoorundHeide #Naturschutzgebiet #seltenePflanzenundTiere

In sanften Kurven umrundet der Wanderweg unter alten Eichen und über knorrige Wurzeln das dunkle Gewässer.

Kastanien? Wie Finger greifen die Kronen der alten Bäume ineinander und formen ein lichtes Dach über der kurzen Allee. Ihre Früchte schütteln sie schon ab. Schließlich wird es langsam Herbst und die stacheligen Hülsen fallen zuhauf auf den würzig duftenden Waldboden. Plopp! Geräuschvoll platzen sie auf und heraus kullern die schönen, glatten Handschmeichler, von denen natürlich unbe-

dingt eine Handvoll in die Jackentasche wandern muss.

Die Allee ist nur der Auftakt am kleinen Parkplatz Kanonenberge gleich hinter der Bahntrasse, die aus dem Nirgendwo ins Irgendwo führt. Zur Linken grasen braunbunte Kühe auf den immergrünen Wiesen, rechts verdichten sich die Bäume, Eichen jetzt. Doch die Sonnen-

83

Forever ... Ewige Liebe geschworen und in die Baumrinde geritzt. Der Liebenden Freud ist des Baumes Leid, dem diese Art Tattoo sicher nicht besonders gut gefällt.

kommt Abwechslung in den Rundweg, der übrigens schön weiß und sandig ist – immerhin ist das Schwarze Wasser in eine Dünenlandschaft eingebettet. Und davon ist etwas weiter noch einiges zu sehen.

Mountainbiker haben ihre helle Freude an der Strecke, durch die sich immer wieder armdicke Wurzeln ziehen. Spaziergänger richten den Blick einfach mal auf den Boden. Überhaupt ist das eine gute Idee, denn was es an Flora und Fauna am Schwarzen Wasser gibt, gehört nicht gerade ins Reich der Riesen: Bunt schillernde Sandlaufkäfer flitzen umher, Heideblüten werden von Tagfaltern umschwirrt, über dem Wasser stehen Libellen. Aus der Ferne tönt ein Klopfen im Holz. Ein Specht? Der lässt sich nicht sehen, aber im Wasser ziehen Zwergtaucher ihre Bahn, zu erkennen an ihrem runden Kopf und dem kurzen Schnabel.

strahlen dringen leicht durchs Geäst bis auf den farnbewachsenen Boden hinab. Hier ist es immer hell. Nur das Wasser, das bleibt dunkel.

Noch ist es nicht zu sehen. Denn für den Blick auf den Weiher heißt es rauf auf den Hügel! Urige Wegweiser markieren die Richtung. So

Wie gut, dass es überall einladende Bänke gibt, auf denen sich herrlich pausieren lässt.

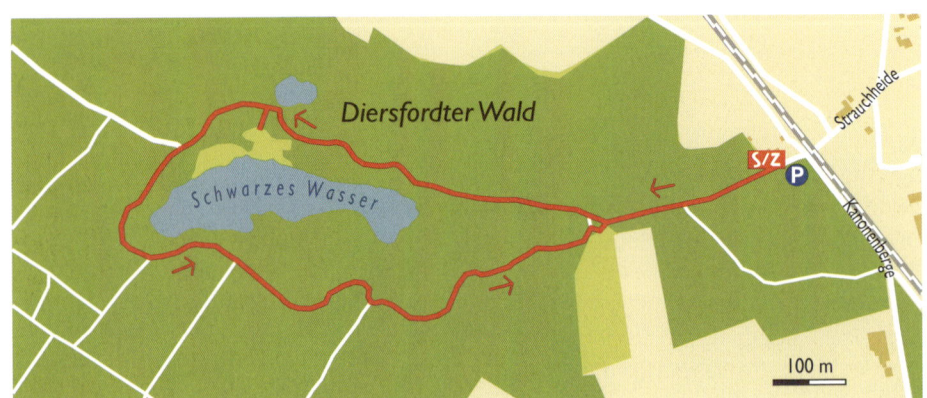

Irgendwo tönt das Klopfen eines Spechts und über dem Wasser stehen Libellen. Von Weitem scheinen am Schwarzen Wasser die Farben der Landschaft pastellig verwaschen, während in der Luft ein aufgeregtes Flimmern hängt.

Eine kleine Brotzeit wäre jetzt perfekt, bevor es weiter in die sandige Ebene geht. Vereinzelt blüht dort Besenheide, helllila und schon etwas verblasst, aber ihr Duft hängt noch in der Luft. Ein abgestorbener Baumriese ragt in den Himmel, einfach haben Pflanzen es hier nicht. Doch gleich daneben blüht schon wieder eine namenlose Schönheit mit weiß gesäumten Blättern. Ein wenig erinnern sie an Herzen.

Zurück in den Wald, am anderen Ufer des Schwarzen Wassers entlang. Hier sind keine Anhöhen mehr zu erklimmen, der Blick ist ungestört. Bizarre Pilze machen sich breit, Seite an Seite mit dicken Moosteppichen. Und überall Farn. Zwischen seinen zarten Wedeln glitzern feinste Spinnfäden in der Sonne. Nein, im Reich der Riesen ist man hier nicht. Aber beinahe im Märchenwald.

Tipp: Für Bewegungsfreudige empfiehlt sich noch eine größere Runde durch den Diersfordter Wald.

FAZIT: KURZE, ENTSPANNTE TOUR IN AB-WECHSLUNGSREICHER LANDSCHAFT ZU FUSS ODER PER RAD.

Hin & weg: Per Rad oder Pkw. Von der Bocholter (B473) in die Straße Kanonenberge abbiegen. Parkplatz am Ende der Straße.

Dauer & Strecke: Zu Fuß 1–2 Std., 2,3 km.

Beste Zeit: Ganzjährig. Von Spätsommer bis Herbst blüht purpurfarbene Besenheide. Im Sommer ist mit lästigen Mücken zu rechnen!

Ausrüstung: Bequemes Schuhwerk. Feldstecher, um Falter, Vögel und Amphibien heranzuzoomen.

LEUCHT-FEUER

 ... Ausblicke von Wassenberg im Dreiländereck

 **#20**

Gipfel bieten tolle Ausblicke. Wenn dann ganz oben noch ein Turm zum Hinaufklettern steht, wird es schon sehr erhaben. Alpenländische Höhen am Niederrhein? Fehlanzeige! Die Sicht vom Bergfried in Wassenberg ist trotzdem spektakulär.

Kam einst von China nach Europa: Wenn der Ginkgobaum der Sonne nacheifert und sich seine Blätter nach und nach gelb färben, dann ist Herbst und ganz Wassenberg beginnt zu leuchten.

Am Fuß der Burgbergs geht es los. Besonders steil sieht der Weg nicht aus, die Stufen, die zum Turm hinaufführen – der ersten Etappe dieser kleinen Eskapade – sind trotzdem sehr willkommen. Der imposante, viereckige Turm ist kein gewöhnlicher, das wird selbst Uneingeweihten schnell klar, vielmehr ein Bergfried, der in Wassenberg seit dem 15. Jahrhundert den nördlichsten Punkt der Stadtbefestigung markiert. Früher Wohnstatt von Amtsmännern, heute Aussichtsturm. Dass der viel höher ist, als es den Anschein hat, merkt schnell, wer den Kopf in den Nacken legt und oben über den Zinnen gerade noch die Flagge mit dem zweischwänzigen Löwen flattern sieht. Der erinnert übrigens an die geschichtliche Verbindung zum nahen Limburg.

Vom Gipfel des Burgbergs, der einst künstlich angelegt wurde, ist die Aussicht über Wassenberg und das bunt gefärbte Herbstlaub schon beeindruckend. Steigt man nun die Stiegen im Inneren des Bergfrieds bis ganz nach oben, raubt es einem beinahe den Atem. So schön ist der Blick über die Dächer der Stadt, auf das flammende Blättermeer der bewaldeten Hänge und hinab ins Rurtal. Hier wird man ganz leise. Infotafeln weisen auf Landmarken in allen vier Himmelsrichtungen. Dort die Eifel, dort Belgien und Holland. Ach ja, die Limburger, für kurze Zeit waren sie die Herren von Wassenberg.

Zwischen all dem Ocker, Braun und dem letzten Grün der Natur dort unten leuchtet ein Baum besonders golden. Er steht in Küsters Garten,

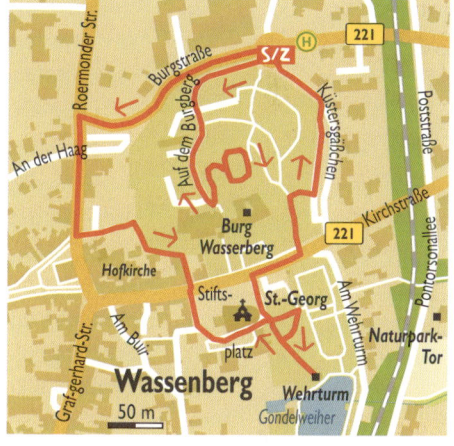

der nach einem kleinen Schlenker um den Burgberg und an der St.-Georgs-Basilika vorbei erreicht ist: ein Ginkgobaum. Gepflanzt schon vor der Jahrhundertwende, ist er 120 Jahre alt, vielleicht sogar älter, weiß Sepp Becker vom Heimatverein. Wie ein Leuchtfeuer steht er da vor der alten Stadtmauer, mit vom Wind bewegten Blättern in der Krone. Am Boden wird aus dem herabfallenden Laub ein dichter Teppich. Hier mag man verweilen. Glücksmoment!

Tipp: Warum nicht noch eine Schnitzeljagd durch die kleine Stadt anhängen? Zehn Glücksorte gibt es in Wassenberg. Was genau dort glücklich macht? Das muss man unbedingt selbst herausfinden! (www.wassenberg. de/glanzlichter/spectaculum).

Hin & weg: Mit der Buslinie 404 zur Haltestelle Wassenberg Burg. Ist der Bergried verschlossen, kann man sich den Schlüssel am Naturpark-Tor Wassenberg, Pontorsonallee 16, besorgen (Di–So 10–16 Uhr).

Dauer & Strecke: 1–2 Std., 1,6 km.

Beste Zeit: Herbst, wenn die Baumkronen in Flammen stehen.

Ausrüstung: Eine Mütze, denn oben auf dem Turm weht der Wind.

DEM SPECHT AUF DER SPUR

... durch den Uedemer Hochwald

#21

Als dichter Teppich zieht er sich über den Niederrheinischen Höhenzug – der Uedemer Hochwald mit seinen alten Eichen und Buchen. Zwei Fleckchen »Urwald« inklusive, 87 Meter hoch. Das ist beinahe wie Bergsteigen. Also auf, Waden massieren und die Stille genießen!

ganz stiller Wald ist der zwischen Uedem und Xanten. Hochwald heißt er. Immerhin geht es hier bis auf 87 Meter hinauf.

Schnell die Wanderschuhe schnüren, die braucht man dort. Ausgedehnte Wege beginnen am Parkplatz Hohe Ley an der Labbecker Straße. Schnurgerade wie eine Allee unter gewaltigen Baumkronen führt der Weg von dort in Richtung Nordwest. Noch verheißungsvoller sieht es dann an der Gabelung rechts aus: Als Reitweg gekennzeichnet schlängelt sich hier ein Pfad den Hügel hinauf.

Links und rechts lichtes Unterholz mit wippendem Farn. Efeu erobert saftige Stämme, Moos und Baumpilze besetzen altes Holz. Sonnenstrahlen lassen die goldenen Blätter der alten Buchen leuchten und an zarten Zweigen hängen glitzernde Regentropfen. Der Waldboden verschluckt jeden Schritt. Es wird etwas morastig. Bei den winzig kleinen Tümpeln, die den Pfad säumen, leben Bergmolche, Erdkröten und Grasfrösche. Hinhorchen, schauen, vielleicht entdecken. Die Lurche sind gut im Versteckspielen.

Mal so richtig abschalten, Trubel und Geräusche des Alltags hinter sich lassen, das geht am besten im Wald. Je dichter und größer er ist, desto stiller ist es zwischen den alten und jungen Baumriesen. Und so ein ganz dichter,

Es geht weiter bergan. Abzweige links und rechts ignorieren und immer den großzügigen Windungen folgen. Und den Wegweisern mit dem Pferd. Schon werden die Stämme der Bäume glatter, dunkler, fast schwarz. Die Baumkronen werden knorriger wie von der Windsbraut zerzaust. »Naturwaldzelle« steht auf einem Schild. Hier ist der Wald also ganz sich selbst überlassen, er wächst einfach, wie er mag, und bringt erstaunliche Formen hervor. Wer die Ohren spitzt, hört das Holz ächzen. Und sonst nichts. Aber war da nicht ein Klopfen? Im Stakkato ein Echo aus der Ferne. Es verrät einen fleißigen Zimmermann,

Weil das Licht kaum bis zum Boden dringt, haben sich Moose und Baumpilze breitgemacht, an einigen Stellen ist der Uedemer Hochwald als »Naturwaldzelle« ausgewiesen. Reiter und Wanderer teilen sich mitunter die Pfade.

in dessen Höhlen sich auch andere Waldtiere wohl fühlen: Im Uedemer Hochwald leben seltene Schwarzspechte.

Wieder verändert der Wald sein Gesicht. Hohe Kiefern mischen sich ins Bild, die Farben der Umgebung wirken verwaschen, fast unwirklich. Und dann entlässt der schmale Reitpfad den Wanderer auf einen breiteren Weg. Links abzweigen, vorbei an Stapeln mit geschlagenem Holz – der Mensch greift hier also wieder ein – über kleine Lichtungen, die von der Sonne in sanftes Licht getaucht sind. Die Erde wellt sich stärker. Vielleicht ist schon der höchste Punkt erreicht? Auch die Waden machen sich jetzt bemerkbar.

Zeit für eine Pause. Noch ein kurzes Stück über den Waldrand hinaus grüßen auf einer Wiese neugierige Schafe und blöken im Chor.

Versteckt hinter romantischen Hecken lädt die Villa Reichswald (www.villa-reichswald.de) zu Kaffee und Imbiss. Gut gestärkt lässt sich dann auch der Rest der Wanderung spielend leicht bewältigen.

> **FAZIT: ABWECHSLUNGSREICHE WANDERUNG MIT SCHÖNEM AUF UND AB IN ABSOLUTER STILLE. GEFÜHLTER ZEITSPRUNG IM VERWUNSCHENEN MÄRCHENWALD.**

Hin & weg: Parkplatz Hohe Ley gleich gegenüber der Einfahrt Marienbaumer Straße 180.

Dauer & Strecke: 4-5 Std. mit Pause im Café, 5,5 km.

Beste Zeit: Herbst.

Ausrüstung: Festes Schuhwerk, Handy mit GPS oder Wanderkarte.

AUSBLICKE

\> ... vom Indemann \<

#22

Skulptur, Aussichtsturm, Mahnmal: Seit 2008 weist der Indemann auf ein gähnend tiefes Loch. Und dorthin, wo noch immer unermessliche Schätze in der Erde schlummern. Doch nicht jeder Schatz will gehoben werden. Aufstieg mit Denkanstoß.

Landmarke, begehbare Skulptur oder mahnender Wächter auf der Goltsteinkuppe: Der Indemann ist vieles, vor allem auch ein Publikumsmagnet. Die spektakuläre Stahlkonstruktion wurde 2009 eröffnet.

Am Fuß der Goltsteinkuppe beginnt ein Pfad, der sich gemütlich in die Höhe schraubt. Hat man den Weg gemeistert, kann man kurz verschnaufen oder gleich weiter und über 216 Stufen rauf auf den 36 Meter hohen Indemann. Die Stufen sind breit und bequem. Gitterroste. Der Boden, der sich immer weiter entfernt, bleibt stets im Blick. Wem da schwindelig wird, der schaut einfach nach vorn oder späht durch die lichten Seiten der Stahlskulptur. Zwölf Ebenen hat sie und jede bietet einen anderen Ausblick auf das Umland.

Tafeln helfen bei der geografischen Orientierung: 43 Kilometer sind es etwa bis zum Kölner Dom, 366 Kilometer zum Eifelturm, das Kraftwerk Weisweiler, befeuert mit der hiesigen Braunkohle, liegt gleich um die Ecke. Zu lesen ist auch, dass wegen des Tagebaus rund 7400 Menschen umgesiedelt und ganze 400 000 Bäume und Sträucher entlang der »neuen« Inde verpflanzt wurden. Auch Zahlen können schwindelerregend sein.

Unter der Erde spielt sich einiges ab, das uns meist so ganz und gar verborgen bleibt. Dort liegen Jahrmillionen alte Zeitzeugen, die vom Heben und Senken der Landschaft erzählen, von Flora und Fauna, die entstanden und vergangen sind. Schicht auf Schicht. Eine davon ist die Braunkohle.

Und die wird hier, in Lucherberg bei Inden, seit 1826 gefördert. Holz war da als Brennstoff schon lange knapp, weite Teile Europas entwaldet. Eher zufällig wurde dann der Nutzen der Braunkohle entdeckt: beim Abbau von Ton für die Keramikindustrie. Was einst Spitzhacke, Spaten und Muskelkraft leisteten, erledigen heute Schaufelradbagger. Wer auf den Indemann steigt, sieht, wie sie sich behäbig durch die Landschaft fressen. Kolosse aus Stahl, nimmersatt.

Ganz oben auf Ebene 12 zerrt der Wind heftig im Haar. Von hier blickt man auf Tristesse und in das gähnend tiefe Loch, wo die eigentlich riesigen Bagger winzig wirken. Doch im Westen schlängelt sich die Inde mit ihren grünen Flussauen, im Südosten liegt der Lucherberger See – Naturschutzgebiet und Brutstätte seltener Vögel – und dahinter malen die Flügel von Windrädern schöne Schattenbilder über den Horizont. Vielleicht wird aus der aufgerissenen Erde einmal ein See.

216 Stufen führen auf Ebene 12. Dort, auf 36 Meter Höhe, spürt man kräftigen Gegenwind bei schwindelerregenden Aussichten – auch auf den tiefen Schlund der Braunkohleabraumhalde.

80 Meter tief wäre er dann. Wieder am Boden tut eine Runde um die Goltsteinkuppel gut. Hier Gedanken fliegen lassen und dann zurück zum Startpunkt.

Tipp: Nachts wird der Indemann in wechselnden Farben beleuchtet. Hinauf auf die Skulptur geht es dann zwar nicht, aber das Schauspiel ist beeindruckend!

FAZIT: EIN ORT, DER GANZ UNAUFDRING-LICH DENKANSTÖSSE GIBT.

Hin & weg: Buslinie 216 oder 294 bis GHS Inden.

Dauer & Strecke: 1,5–2 Stündchen fürs Rauf und Runter und eine Runde um die Goltsteinkuppe, 3,30 km.

Beste Zeit: Immer. Bei Gewitter heißt es: runter vom Turm!

Ausrüstung: Eine Mütze! Denn oben auf dem Indemann weht ein ganz schön frischer Wind.

2. KAPITEL AUSFLÜGE

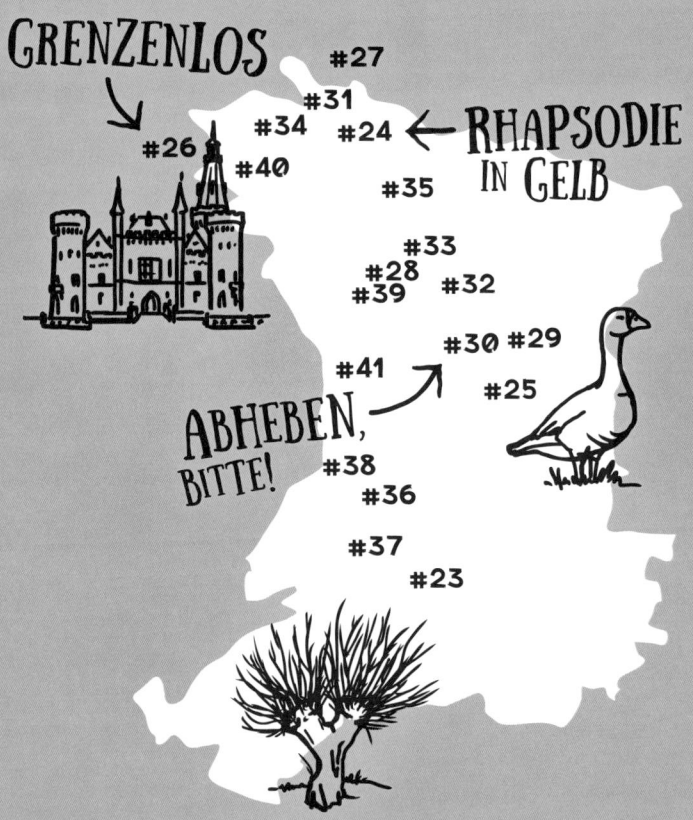

GRENZENLOS

#27

#31

#34 #24 ← RHAPSODIE IN GELB

#26 #40

#35

#33

#28 #32

#39

#30 #29

#41 #25

ABHEBEN, BITTE!

#38

#36

#37

#23

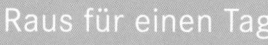

Raus für einen Tag

Die Landschaft von oben erleben oder im Spiegel betrachten, über Schienen rollen oder altes Wissen aufsaugen – die Welt einen Tag lang (oder auch länger) mit anderen Augen sehen!

12 H

KUNST IM WILDEN GARTEN

≷ ... im Museum Insel Hombroich ≷

#23

Ist der Baum Kunst? Gehört die Gans ins Museum? Und warum heißt es »Insel«, wenn da gar keine ist? Architektur und Kunst, umgeben von Wasser, Weiden und wilden Tieren. Je nach Blickwinkel auch umgekehrt. Eine Naturoase (fast) mitten in Neuss!

Naturoase inmitten der Stadt: Im Park vom Museum Insel Hombroich sind Architektur, Kunst und Natur spannungsreich miteinander verwoben. Das Muster – fröhlich und bunt.

Schon an der Haltestelle wird klar: Dies ist kein gewöhnlicher Ort. Die Stadt ist längst außer Sichtweite, da steht mitten in Feld und Flur ein Backsteinhäuschen von sachlicher Schönheit. Brandrot mit Weiß, symmetrisch.

Wetterschutz und Stopp für den Bus. Vor allem aber begehbare Skulptur, geschaffen vom Dänen Per Kirkeby und Auftakt zum Museum Insel Hombroich (www.inselhombroich.de).

Die Insel, die keine ist, schmiegt sich eng an die Erft. Deren Ausläufer durchziehen das Areal, schaffen Wasserflächen, die mit dem Land spielen, und Landzungen, die am Wasser lecken. In die parkähnliche Anlage mit ihrem alten Baumbestand gelangt man durch ein minimalistisches Gebäude. Wieder Backstein – der gibt hier den Ton an, passt die rote Farbe doch so gut zum Grün der Natur. Komplementärfarben – die kannte schon Goethe.

Hinter dem Empfang knirschender Kies unter den Füßen, ein Treppchen führt in die Tiefe. Zuerst aber innehalten und von oben die Aussicht erfassen: auf den ungezähmten Park,

die von Weiden gesäumten Auen und noch mehr steinerne Sachlichkeit. Monolithen im schönen Kontrast zum Wildwuchs der Natur.

Mit dem Plan in der Hand geht es hinab. Infotafeln gehören nicht zum Konzept der Insel. Sehen, entdecken, selbst interpretieren. Der Kiesweg als Wegweiser. Er bestimmt auch das Tempo, denn im Kies geht man langsam. Linkerhand Wasser. Dessen Oberfläche schimmert grünlich und zeigt im Spiegelbild, wie sich schlanke Stängel am Ufer wiegen.

Irgendwo im Dickicht schnattern Gänse. War da nicht ein Eisvogel? Der Pfad mäandert zum »Turm« und endet dort an einer schmalen Glastür. Das Innere eine Kathedrale in Weiß, Glastüren nach allen vier Himmelsrichtungen. Die Natur bleibt hier immer im Blick.

Wieder draußen verzweigen sich die Kieswege. Ab jetzt folgt jeder seinem eigenen Kompass und dem eigenen Rhythmus. Zehn begehbare Skulpturen, geschaffen vom Bildhauer Erwin Heerich für die Kunstsammlung von Museumsgründer Karl-Heinrich Müller, stehen wie Meilensteine an den Wegen.

Frische Luft macht irgendwann hungrig, Zeit also für die gläserne Cafeteria. Hier geht es schlicht zu. Aber gut. Obst oder Pellkartoffeln mit Kräuterquark, knuspriges Brot, Kaffee und Tee. Das alles für einen Obolus, den jeder selbst bestimmt.

Wer schließlich jeden Weg erobert hat, läuft zurück zur schönen Bushaltestelle, überquert dort die Hauptstraße und spaziert geradewegs aufs weitläufige Kirkeby-Feld. Linkerhand das Feld-Haus, wo in wechselnden Ausstellungen populäre Druckgrafik zu sehen ist, ein Stück weiter die Drei Kapellen von Kirkeby

(sonn- und feiertags von April bis Oktober). Und dann, am Ende des Wegs, die Raketenstation auf dem ehemaligen NATO-Gelände, heute bebaut mit skulpturaler Architektur von Künstlern aus aller Welt. Ein Ort zum Staunen!

> **FAZIT: KUNST PARALLEL ZUR NATUR. EIN AUSFLUG VOLLER KONTRASTE, DER ALLE SINNE AUF HOCHTOUREN BRINGT!**

Hin & weg: Mit Buslinie 860 bis Neuss/Minkel.

Dauer & Strecke: Wer mag, bleibt den ganzen Tag, 5,3 km.

Beste Zeit: Ganzjährig.

Ausrüstung: Bequeme Schuhe und ein Feldstecher, um Vögel und Insekten ins Visier zu nehmen.

RHAPSODIE IN GELB

... Farbrausch zwischen Emmerich und Grieth

#24

Warum sollten nur Orte hinaus in die Natur locken? Warum nicht auch Stimmungen, Farben, Gerüche? Wenn im Frühjahr oder Sommer Raps und Senf die Felder mit ihrem leuchtenden Gelb überziehen, dann ist auch die Luft schwer von süßem Duft. Rauf aufs Rad und an die frische Luft!

#betörenderDuft #Farbrausch #Senf #Raps #Rheinfähre

Zur Raps- und Senfblüte im Frühjahr und Spätsommer verwandeln sich Felder in einen leuchtend gelben Teppich mit betörendem Duft.

Sie blühen beinahe überall. Ein toller Farbtupfer in der Landschaft auf Flächen, in denen sich das Auge verliert und die manchmal bis an den Horizont reichen. Meist werden die zarten Pflanzen mit den gelben Blüten für Raps gehalten. Der entfaltet seine leuchtende Pracht im Frühjahr. Doch im Spätsommer erscheint sein Verwandter auf der Bildfläche:

Senf. Genauso hübsch, genauso intensiv im Duft. Eine schöne Laune der Natur, die uns Farbenrausch und Duftexplosion gleich zweimal im Jahr beschert.

Genießen lässt sich beides per Rad. Und so eine Radtour am Wasser zu starten, ist immer eine gute Idee. Etwa bei Emmerich, wo sich

Hinter jeder Wegbiegung wechseln Wasser und Weiden und bieten immer neue, überraschende Perspektiven auf die Landschaft. Es duftet nach Weite!

die Rheinbrücke imposant in Signalrot über den mächtigen Fluss spannt. Hier passieren Fähren und Frachter auf ihrer langen Reise zwischen Rotterdam und Basel, den Bauch gefüllt und an Bord auch manche Geschichte aus der Ferne. Der Anblick beruhigt ungemein und obendrein kann man sich den Kopf frei pusten lassen. Denn ein Lüftchen weht am Wasser eigentlich immer.

Gleich hinter dem Deich geht's los. Über die Rheinuferstraße, die gen Westen bis nach Holland führt. Richtung Osten schlängelt sie sich unter wechselnden Namen und von Schatten spendenden Bäumen gesäumt bis in die alte Römerstadt Xanten. Kräftig in die Pedale treten und schon schiebt sich leucht-

endes Gelb ins Blickfeld. Der Duft braucht ein wenig länger, doch dann kommt auch er mit aller Wucht. Einfach mal kurz absteigen und ganz nah heran an das duftende Blüten-meer. Augen schließen, tief einatmen, die Natur umarmen.

Auf sieben Kilometern wechseln Gelb und Grün mit anderen Farben, Haine und Felder mit Wiesen. Hier und da duckt sich ein Gehöft tief in die Landschaft. Der Duft bleibt immer in der Nase. Auf halber Strecke ein Picknick am Wegesrand? Fabelhaft! Schnell die Decke im Gras ausbreiten. Etwas Brot und Käse. Dabei in den blauen Himmel schauen und träumen. Mehr braucht es nicht zum kleinen Glück. Das vielleicht doch ein ganz großes ist …

Die Luft ist frisch, gefüllt sind die Lungen. Wieder aufsatteln und weiter nach Grieth. Der kleine Ort schmiegt sich nah ans Rheinufer und lohnt einen kurzen Halt, immerhin war er einst Hansestadt. Bevor die letzte Fähre ablegt, schnell an Bord und übersetzen ans andere Rheinufer. Bestens unterhalten vom Kapitän (April bis Ende Oktober).

Rechtsrheinisch radelt es sich zwischen alten Rheinarmen ziemlich romantisch. Bei Bienen, schon wieder auf dem Schlenker Richtung Rheinbrücke, gibt es plötzlich eine unerwar-tete Begegnung mit schottischen Hochland-rindern. Schon seit vielen Jahren weiden sie hier. Die Besitzerin muss es wissen – und wir wissen es jetzt auch.

FAZIT: RAPS- UND SENFFELDER GIBT ES VIELERORTS AM NIEDERRHEIN, ABER DIE HOCHLANDRINDER, DIE TRIFFT MAN NUR IN BIENEN!

Haarige Begegnungen in Bienen: Genügsame Hochlandrinder aus Schottland beäugen neugierig die vorbeiziehenden Radfahrer und schauen ganz nebenbei noch ziemlich fotogen drein. Zeit für eine Pause!

Hin & weg: Mit dem Auto bis Brückenkopf Kleve. Ab Rheinbrücke per Rad in Richtung Grieth.

Dauer & Strecke: 6–8 Std., 20 km.

Beste Zeit: Von April bis Mai kann man die Rapsblüte bewundern, von Juni bis September die Senfblüte.

Ausrüstung: Ein herzhaftes Picknick.

WEIDEN, KÖRBE, KIEPEN

 … der Kopfweide auf der Spur in den Rheinauen

#25

Sie prägt die niederrheinische Landschaft, wächst gern dort, wo es feucht ist und erinnert im Winter an eine Windsbraut mit wirrem Haar: die Kopfweide. Ganz nah kommt man ihr in den Rheinauen bei Friemersheim. Wer mehr über den knorrigen Baum wissen möchte, kann bei einer Korbmacherin in die Lehre gehen.

Wer durch die Rheinauen radelt, an Nette und Niers wandert oder über Land fährt, der begegnet ihr überall. Die Kopfweide gehört zum Niederrhein wie das Wasser und die flache Landschaft, wie Streuobstwiesen und Raps. Von Menschen gemacht, gestutzt, damit lange Triebe wie wirres Haar aus dem Stamm wachsen. Die Ruten wurden – und werden – am Niederrhein für die Korbmacherei verwendet. Seit nahezu drei Jahrtausenden. Eine lange Zeit.

Friemersheim ist ein Ortsteil von Rheinhausen und das wiederum gehört zu Duisburg. Denkt man dabei an Ruhrpott und Industrie, liegt man gar nicht so falsch. Zwischen Dorfkirche und altem Lehrerhaus führt ein Weg auf den Damm, der oberhalb der Rheinauen liegt. Steht man oben und blickt geradeaus, sieht man eben noch schlanke Schornsteine und andere Riesen aus Stahl über die Baumwipfel lugen. Doch bevor es hier links zum Spaziergang geht, einmal die strahlend weiße Kirche umrunden, denn an der Hinterseite stehen imposante Weiden in schöner Reihe. Wenn Kopfweiden andernorts eher aus der Ferne und von unzugänglichen Wiesen grüßen, kann man ihnen hier wirklich nahekommen. Grün belaubt sehen sie zahm aus, im Winter, mit kahlen Trieben, wild und ein wenig geheimnisvoll.

Vom Damm hat man einen herrlichen Ausblick auf noch mehr Weiden in der Aue: alt, mit borkiger Rinde und windschief. Eine droht, entzweizubrechen. Auch das ist typisch, denn die Stämme sind oft hohl und bieten vielen Tieren Unterschlupf. Obschon es hier keinen Weg gibt, geht es ganz leicht vom Damm hinab und der Weg zurück lässt sich unten fortsetzen. Bald quert ein Pfad, der links zum Werth'schen Hof führt. Der war einst eine Ritterburg, unter den Grafen von Moers ein Jagdschloss und ist heute ein Gehöft. Beiderseits des Wegs hüfthohe Hecken, dahinter Streuobstwiesen, die zahlreiche Tiere als Lebensraum nutzen. Die Pferde, die hier grasen, sind vor allem hübsch anzuschauen. Wer Zeit für einen langen Spaziergang hat, folgt dem Pfad bis hinunter ans Rheinufer. Verschieden lange Wege führen von dort zurück auf den Damm. Wer es eiliger hat, kehrt hier einfach um.

Heute haben Kopfweiden am Niederrhein kaum noch wirtschaftliche Bedeutung. Und doch wird das jahrtausendealte Handwerk weiter ausgeübt. Eine der wenigen deutschen Korbmachermeisterinnen ist Margret Schiffer aus Sonsbeck. Sie flicht Wäsche- und Kartoffelkörbe, auch Kiepen, die wie ein Rucksack getragen werden. Seit über 30 Jahren. Wer Lust – und Kraft – hat, sich an dem Handwerk zu versuchen, kann bei Frau Schiffer einen Workshop besuchen: in Sonsbeck, der zweiten Station dieser Eskapade (Anmeldung unter Tel. 01577 / 474 10 48).

Hin & weg: Mit dem Auto nach Friemersheim, Parken an der Kirche. Korbflechterin Margret Schiffer in Sonsbeck, Kevelarer Str. 13.

Dauer & Strecke: Ein halber Tag für den Workshop, Spaziergang in den Rheinauen von Friemersheim ca. 2,5 Std., 3,85 km.

Beste Zeit: Jederzeit. Im Winter, wenn die Kopfweiden ihr Laub abgeschüttelt haben, wirken sie wie bizarre Figuren und sind weit eindrucksvoller als im Sommer!

Ausrüstung: Keine besondere.

Wer durchs beschauliche Friemersheim spaziert, kommt an netten historischen Häusern und Streuobstwiesen vorbei (besonders schön zur Obstbaumblüte!), an Pferdekoppeln und widerspenstigen Kopfweiden.

Tipp: Ein längerer Aufenthalt am Rhein lässt sich wunderbar mit einem Besuch im Landschaftspark Duisburg-Nord (Eskapade #29) und in der Rhine Side Gallery (Eskapade #5) verbinden – oder mit einer Runde auf dem Traktor (Eskapade #28).

FAZIT: AUF DEN SPUREN DER KOPFWEIDE LEICHTFÜßIG AM DEICH ENTLANG UND DANN ZUM (OPTIONALEN) KRÄFTEMESSEN BEIM KORBFLECHTEN.

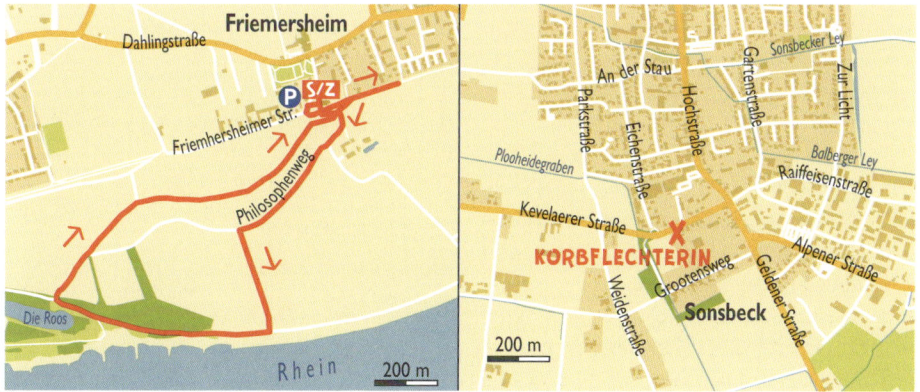

GRENZEN LOS

 ... auf Schienen von Kranenburg nach Groesbeek

#26

Wo früher die Rheinische Bahn zwischen Krefeld und Nimwegen pendelte, rollt man heute mit der Draisine über die Gleise. Angetrieben von eigener Muskelkraft. Es geht von Kranenburg bis ins niederländische Groesbeek. Wer mag, fährt weiter!

#Gleise #Draisine #grenzenlos #wieRadfahrennurschöner

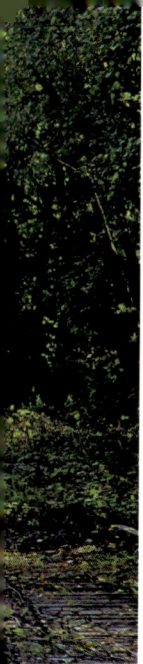

Zeit spielt keine Rolle, wenn man auf Schienen gemütlich von Kranenburg hinüber ins holländische Groesbeek rollt.

Auf historischen Fotos sieht man sie noch, die mächtigen Dampfloks, die einst vom benachbarten Kleve über Kranenburg Richtung Niederlande brausten. Heute sind die eisernen Kolosse verschwunden, die Gleise eingerostet. Im Bahnhofsgebäude gibt es statt Ticketverkauf die Touristeninformation und ein hübsches Café, dem der Bahnsteig als Terrasse dient. Ganz verwaist sind die Schienen aber nicht: In Kranenburg hält die Grenzland-Draisine (www.grenzland-draisine.eu). Ein Schienenfahrzeug ganz nach altem Vorbild – vier Räder, Fußpedale zum Antrieb, bequeme Fahrradsättel –, mit dem man am besten zu zweit unterwegs ist. Noch mehr Spaß haben vier: Auf der Bank in der Mitte ist Platz für Gäste!

Zwei Strecken stehen auf dem Fahrplan. Sportlich verläuft »Die Ausgiebige« über zehn Kilometer nach Kleve, nur halb so weit »Die Grenzenlose« nach Groesbeek. Über die Grenze, das klingt spannend. Also los, Sattelhöhe anpassen und in die Pedale treten. Es ist ganz leicht, wie Radfahren! Schwung bekommt man schnell, schon ist der Bahnsteig verschwunden und die Draisine mittendrin im grünen Tunnel aus wippendem Blätterdach. Bald gesellt sich ein Radweg zu den Gleisen. Ein paar Zweiräder nehmen die Wettfahrt auf – und gewinnen!

Ohne Gänge mag die Draisine nicht zur Höchstgeschwindigkeit auflaufen. Da bleibt es beim

Vorbei an Relikten vergangener Tage, entlang an duftenden Wiesen und schließlich über die Grenze, die keine mehr ist. Grenzenlos glücklich unterwegs mit der Draisine!

gemütlichen Dahinrollen, was genug Zeit lässt, um die Landschaft in Augenschein zu nehmen. Gehölz wechselt immer wieder mit freier Sicht auf Kuhweiden, hier und da ein Bauernhof.

Eine Schranke stoppt die Fahrt. Absteigen, Baum heben, Verkehr beachten, durchfahren.

Später zwei weitere Schranken passieren – diesmal sogar mit Ampelknopf – und einige Wege mit Stoppschildern. Doch die kreuzenden Straßen sind wenig befahren. Längst ist die Draisine unter dem Bogen mit dem »Welkom in Nederland« durchgefahren. Auf Schildern liest man jetzt »fietsen« statt »radfahren«

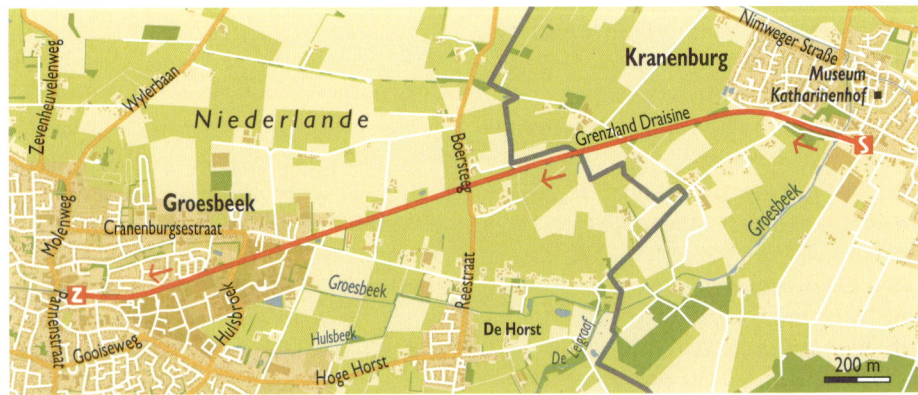

und »niet brommen«: keine Mopeds! Zum Glück ist die Draisine motorlos auf den Schienen unterwegs. Und die führen jetzt spürbar bergan. Nach gut 45 Minuten ist Groesbeek erreicht. Bremse anziehen, absitzen. Bis zur Rückfahrt ist eine Stunde Zeit. Die ist schön genutzt bei einem Spaziergang durch den kleinen Ort, wo Kaiser Otto III. das Licht der Welt erblickt haben soll. Oder man setzt sich einfach zum »Borrelen« an die Gracht ins De Spil gleich gegenüber dem Bahnhof. Borrelen? So nennt man das gesellige Miteinander bei kleinen Häppchen.

Für die Rückfahrt nach Kranenburg hat ein Helfer die Draisine umgesetzt. Noch einmal fünf Kilometer, jetzt geht es leicht bergab und die Draisine nimmt an Geschwindigkeit auf. Beim nächsten Mal vielleicht doch bis Kleve fahren?

Tipp: Unbedingt auch den historischen Stadtkern von Kranenburg anschauen oder religiöse und zeitgenössische Kunst (www. museumkatharinenhof.de) in den Gebäuden vom Katharinenhof.

FAZIT: GEMÜTLICH BEWEGEN, ERLEBEN UND GRENZLAND ENTDECKEN. TOLL ZU ZWEIT, AM BESTEN ZU VIERT!

Hin & weg: Mit Buslinie 55 bis Einkaufszentrum Kranenburg. Von dort in 5 Min. (800 m) zu Fuß zur Grenzland-Draisine.

Dauer & Strecke: Draisinenfahrt ca. 2,5 Std., insgesamt 10 km.

Beste Zeit: Mitte März bis Ende Oktober.

Ausrüstung: Bequeme Schuhe, Wasser, Sonnenschutz.

VERHEXT!

≥ ... Baumriesen, Blickachsen und eine Hexe in 's-Heerenberg ≤

Mit der Geschichte der Hexe von 's-Heerenberg im Kopf zwischen uralten Bäumen spazieren und beim Versteckspielen immer neue Blickachsen entdecken. Im Herbst, wenn sich Nebel über die Landschaft legt, ist das sogar ein ganz klein wenig gruselig.

#Baumriesen #Wolleschafe #Hexendrama #Blickachsen

Eine kleine Statue erinnert ein großes Drama: 1605 landete Mechteld ten Ham als Hexe auf dem Scheiterhaufen von 's-Heerenberg.

Brücken geben so viel Schwung! Zumindest die Rheinbrücken tun das und die rote mit den mächtigen Stahlseilen bei Emmerich – liebevoll »Golden Gate am Rhein« genannt – macht auch gleich gute Laune, wenn man hinüberrollt ans andere Ufer. Da möchte man gar nicht anhalten! Ist auch nicht nötig, Emmerich bleibt erst einmal links liegen, obschon es mit seiner hübschen Rheinpromenade, einigen Kirchen und dem Kaffeemuseum vieles zu bieten hat.

Kaum sind die Häuser der Stadt verschwunden, schlängelt sich die Straße links – nanu, steht hier gar kein Schild? – über die Grenze. Angekommen in Holland, im winzigen 's-Heerenberg, wo alles krumm, verwinkelt und etwas geheimnisvoll scheint und wo 1605 Mechteld ten Ham als angebliche Hexe auf dem Scheiterhaufen landete. Als eine der letzten in den Niederlanden übrigens. Mit Gänsehaut im Gepäck geht es durchs hölzerne Tor in den Park von Huis Bergh (<u>www.huisbergh.nl/de</u>), einer

In 's-Heerenberg ist alles krumm, verwinkelt und ein wenig geheimnisvoll. Die Geschichte der 800-jährigen Huis Bergh ist verwoben mit Krieg, Kunst und Hexenjagd.

mit wolligen Schafen, die gerade noch übers hohe Gras lugen. Auch hier spaziert man im Schatten der Bäume, aber die sind wohl jünger und ihre Kronen lichter. Bei der zweiten Möglichkeit links abbiegen und dann erst einmal flott geradeaus durch den Parkbos. An einer T-Kreuzung kurz innehalten und nach links schauen: Da ist es wieder, Emmerich. Von hier ist der Turm der Martinikirche zu sehen. Am Wegende angelangt den Pfad rechts nehmen, bis er die Hauptachse im Wald quert. Wieder eine tolle Blickachse, an deren einem Ende Huis Bergh eben noch hinterm Deich zu erkennen ist. Am anderen grüßt die Stiftskirche von Hoch Elten.

Es geht zurück zur Burg. Der Weg scheint sich zu verjüngen und aus dem Wald wird eine Obstplantage, schön versteckt hinter hohen Hecken. Und dann ist der Spaziergänger auch schon wieder am Deich zwischen den Baumriesen und hinter dem runden Burgturm, wo eine Stiege in den Hof hinabführt. Ein Besuch der Wasserburg wäre jetzt ein schöner Abschluss: mit der App Kastell Huis Bergh den Geschichten hinter den alten Mauern auf eigene Faust nachspüren und anschließend unbedingt noch im ehemaligen Kutschhaus (www.heerendubbel.nl) gegenüber einkehren.

800-jährigen Wasserburg. Im Burggraben ziehen Schwäne, Enten und ein paar exotische Wasservögel ihre Bahnen. Wer genauer hinschaut, sieht auch fette Karpfen im trüben Wasser. Der Park ist alles andere als verspielt, vielmehr ungestüm. Mit Staketenzaun und allerlei wilden Gräsern. Der Weg weder gerade noch eben. Schon führt er hinauf auf einen breiten Deich. Für einen kurzen Spaziergang geht es nach rechts, für einen langen nach links. Also linksherum! Über 200 Jahre alte, märchenhaft knorrige Baumriesen halten den Deich zusammen. Einige haben Gucklöcher im Stamm – unbedingt hindurchschauen! –, andere sind so hohl, dass Kinder sich darin verstecken können. Und auch dürfen!

Am Ende der Allee führt ein Pfad hinab. Weiter geht es nach rechts, vorbei an einer Weide

FAZIT: EIN FLOTTER SPAZIERGANG MIT FANTASTISCHEN BLICKACHSEN BEI ERSTAUNLICHEM AUF UND AB. LEICHTES GRUSELN INKLUSIVE!

Die backsteinrote Burg Huis Bergh schiebt sich eigentlich immer irgendwo ins Sichtfeld: mal versteckt hinter Blätterwerk, mal imposant als Blickfang am Ende des Wegs.

Hin & weg: Mit dem Auto oder per Bus (Linie 91) ab Emmerich bis 's-Heerenberg/Molenpoort.

Dauer & Strecke: Etwa 5 Std. inkl. Stopps für neue Blickwinkel, Rundgang durchs Schloss und ein

»boterham« – ein herzhaftes Butterbrot – im alten Kutschhaus, ca. 3 km.

Beste Zeit: Ganzjährig.

Ausrüstung: Smartphone für die App.

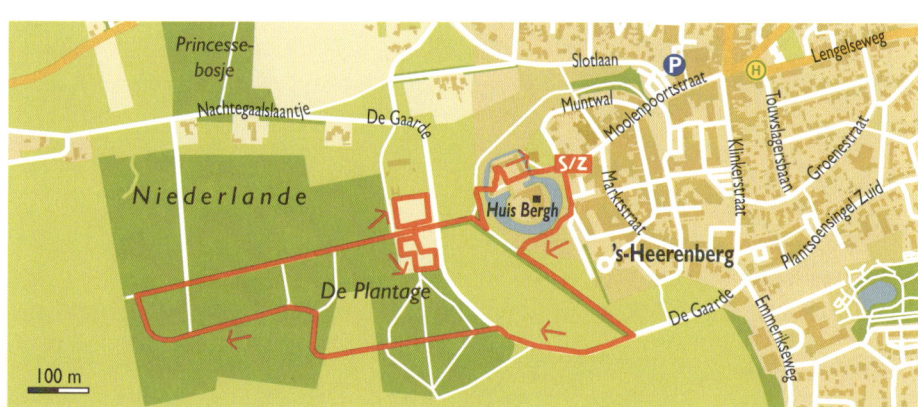

TRAKTOR FAHREN

⋛ … auf dem Pauenhof ⋚

#28

Liebe zum Land und eine Portion Nostalgie darf man gern mitbringen, ein Profi hinterm Steuer muss man aber ganz und gar nicht sein. Denn von den fast 400 Traktoren auf dem Pauenhof kommen für Fahrten übers Gelände nur die treuesten Seelen zum Einsatz. Und die fahren fast von allein!

Landwirtschaft wie anno dazumal: 1924 wurde der älteste der Oldtimer vom Pauenhof gebaut. Gut geschützt in den großen Hallen sind alle Traktoren auch heute noch fahrtüchtig. Auf manchen darf man mitfahren.

Es geht ein wenig bergab vom beschaulichen Sonsbeck und hinaus auf den Pauenhof. In 20 Minuten zu Fuß mitten durch die Felder. Schnell einmal an den Wildblumen schnuppern, die sich dort am Saum so hübsch unters Korn mischen. Jetzt ein Sträußchen pflücken, das wäre schön.

Im Nu ist der Hof in Sicht, versteckt hinter mächtigen Bäumen mit riesigen Blätterkronen. Ein Wegweiser aus alten Speichen markiert den Eingang, der eigentlich gar nicht zu übersehen ist, schiebt sich dort doch schon eine riesige Dampfwalze ins Blickfeld. Klingeln, damit der Herr des Hofes das Tor öffnet, einen kleinen Obolus entrichten. Ja, unbedingt auch für ein paar Runden mit dem Traktor! Wie praktisch, dass da gleich eine ganze Familie im Anhänger mitfahren kann.

Und dann? Zuerst die alten Landmaschinen anschauen oder sich gleich in den Sitz schwingen? Erst einmal schauen ist eine gute Idee. Rechts vom Eingang liegen die großen Hallen mit Traktoren aus dem In- und Ausland und beim Blick durchs Tor die langen Gänge entlang wird einem ganz schwindelig: Da stehen sie Rad an Rad, grün, blau und orange, mit bekannten und fremden Namen.

Hin & weg: Mit dem Bus NIAG 36 oder 37 bis Sonsbeck/Neutorplatz, dann zu Fuß zum Pauenhof.

Dauer & Strecke: Traktorfahrt inklusive Oldtimer anschauen ca. 4 Std., Fußweg 20 Min., 1,7 km.

Beste Zeit: Geöffnet Anfang März bis Ende November. Mehr unter www.traktorenmuseum-pauenhof.de

Ausrüstung: Bequeme Schuhe und eine klitzekleine Portion Oldtimer-Liebe.

Norbert Stapper kennt sie alle und auch alle Geschichten hinter seinen Schätzen. Jeder der rund 400 alten Traktoren wird mindestens einmal pro Jahr geputzt, gefahren und natürlich ausgiebig bestaunt.

Manche elegant und poliert, andere sperrig und verstaubt. Sogar ein Modell mit nur drei Rädern ist dabei. Der habe sich aber nicht bewährt, erzählt Norbert Stapper, Kenner, Sammler und Herr über Hanomag und Hürlimann, über Lanz & Co. Alle Traktoren sind funktionstüchtig mit ein, zwei Ausnahmen vielleicht. Das älteste Exemplar stammt von 1924. Da wird man schon ganz andächtig. An vielen Traktoren prangen noch die Nummernschilder, andere hängen an der Scheunenwand: Die niederrheinischen Kreise sind dabei, das Münsterland, Bonn und Bernkastell. Tatsächlich stammen die Traktoren aus allen Winkeln des Landes.

Nach so viel Theorie ist man schon ganz kribbelig. Da darf jetzt gern auch der praktische Teil kommen. Die Traktoren für die Fahrten auf dem Gelände sind Mittfünfziger, grün mit etwas Gelb und ohne Dach. Für Schönwetterfahrten. Die Sitze gleichen eher einem Sattel: breit, federnd, quietschend. Bequem sind sie. Gas, Bremse und Kupplung sehen erst einmal fremd und für so ein großes Ge-

fährt ziemlich zierlich aus. Norbert Stapper weist ein: vorglühen und los! Zuerst zaghaft, dann mutiger die erste Kurve nehmen und dann das Gaspedal durchtreten. So richtig schnell wird es nicht, ein Fahrrad kann da locker mithalten. Aber genau das ist ja Teil vom Spaß! Es ruckelt und schaukelt und das Steuerrad mag mit Schwung gedreht werden. Der Motor ist laut, aber nicht ohrenbetäubend. Nach der x-ten Runde auf und um den Hof dürfte es gern auf dem Feld weitergehen, wenn da nicht noch so viele seltene Schätze zum Gucken und Staunen warten würden!

Tipp: Der Pauenhof ist eine der Stationen entlang der Themenroute »Brot, Korn und Bier« (www.route-industriekultur.ruhr). Warum nicht in eine ausgedehnte Entdeckungstour einbinden?

FAZIT: AUF TUCHFÜHLUNG GEHEN MIT DEN LANDMASCHINEN VON EINST. EIN RIESENSPAß FÜR GROß UND KLEIN. UND GAR NICHT ANSTRENGEND!

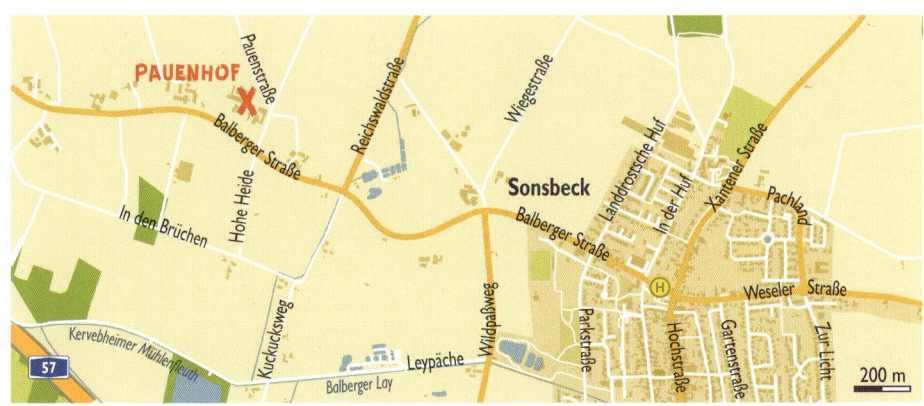

ALTES EISEN

 ... nachts im Landschaftspark Duisburg-Nord

#29

Schornsteine, Hochofen und Schaltzentrale im Hüttenwerk Meiderich: Giganten aus Stahl und stumme Zeugen einstiger Produktion. Heute ist der Lack ab. Aber bei Dunkelheit, da erwachen die mächtigen Industriebauten zu einem ganz neuen Leben.

#Industriekultur #Lichtinstallation #Farbenrausch #altesEisen

Mit Einsetzen der Dämmerung flammt im einstigen Hüttenwerk die Lichtinstallation des Briten Jonathan Park auf und lässt die Stahlriesen für eine Nacht lebendig werden.

Streifzüge durch den Pott sind immer spannend. Jede Menge altes Eisen, nicht mehr in Gebrauch. Die Natur schlägt hier mächtig zurück und erobert die ehemaligen Zechen, Halden und Hüttenwerke neu. So auch im Norden Duisburgs am Hüttenwerk Meiderich, das heute als Landschaftspark Duisburg-Nord bekannt ist.

Am besten, man kommt schon bei Tageslicht hierher, um sich auf dem rund 180 Hektar großen Gelände zu orientieren. Los geht's am Torhaus, wo gleich links der riesige, runde Gasometer grüßt. Früher genutzt zur Gasauf-

bereitung, kann man hier heute abtauchen: 13 Meter tief in ein künstliches Riff. Schiffswrack inklusive! Ein anderes Mal. Vorbei an der Gießhallenstraße und der Gebläsehalle – unbedingt einen Blick ins Innere werfen, am besten einmal an einer der vielen Veranstaltungen teilnehmen, die in der großartigen Kulisse stattfinden! – und schon steht man auf der Piazza Metallica. Den Blick schweifen lassen, die Größe der Gebäude erfassen. Hier fühlt sich der Besucher wahrlich klein. Für einen Perspektivenwechsel einmal den Komplex umrunden und rüber zum Hochofen 5, einem von drei noch erhaltenen.

Lebendige Erinnerung an vergangene Industriekultur: Unterschiedliche Farben setzen die einzelnen Gebäude in Szene, zeichnen ihre Konturen nach und sorgen bei Besuchern für ein Gänsehautfeeling.

Eine eiserne Treppe führt auf die 70 Meter hohe Besucherplattform, die einen großartigen Ausblick auf Duisburg, auf den Pott und den Niederrhein bietet. Warum nicht gleich oben bleiben bis zur Dämmerung, den Sonnenuntergang anschauen und warten, bis das Lichterspektakel beginnt? Aber unten am Boden gibt es auch noch so viel zu entdecken. Hinter den rostigen Riesen erstreckt sich der

Hin & weg: Mit Buslinie 906 bis Landschaftspark Nord und in 10 Min. zu Fuß über den Emscherweg oder mit dem Nachtbus NR3 bis Hüttenwerk.

Dauer: Vor Einbruch der Dämmerung mit open end. Mehr unter www.landschaftspark.de

Beste Zeit: Frühjahr bis Herbst.

Ausrüstung: Bequeme Schuhe und Taschenlampe.

Park voller Wanderwege, aber ohne festgelegte Routen. Für den Moment bleibt Zeit, die Beete zu bewundern, die so akkurat zwischen Mauer- und Metallresten angelegt sind.

Mit einsetzender Dämmerung schnell zurück zur Piazza, die den besten Rundumblick bietet. Schon steht das Areal in Flammen, wird von unzähligen – übrigens energiesparenden – Scheinwerfern in Szene gesetzt. Eine Lichtinstallation des Briten Jonathan Park erweckt das zu neuem Leben, was vor 100 Jahren als Hochkultur der Industrialisierung galt: Kraftwerk und Gasometer, Hochofen, Gieß- und Gebläsehalle und die majestätischen Kamine. Ein faszinierendes Farbspiel aus Grün, Blau und Rot, das dem alten Eisen neuen Glanz verleiht. Wenn auch nur für eine Nacht.

Wer abends nicht auf eigene Faust durchs Areal streifen möchte, schließt sich einer der Führungen an. Dann werden die Giganten mit Stirnlampe oder bei Fackelschein erkundet.

Tipp: Der Landschaftspark Duisburg-Nord gehört zur »Route der Industriekultur«. Kreuz und quer durchs Ruhrgebiet radeln, dabei Zechen besuchen, ein Schiffshebewerk erleben oder auf Halden klettern (Eskapaden #41 und #42).

FAZIT: ENTDECKUNGSTOUR MIT NERVENKITZEL ZWISCHEN STAHLGIGANTEN. DIE BELEUCHTETE KULISSE GEHT UNTER DIE HAUT.

ABHEBEN, BITTE!

>‹ ... im Heißluftballon über den Niederrhein ‹<

#30

Im Heißluftballon über die niederrheinische Landschaft gleiten – wohin genau, das weiß nur der Wind. Eine ganz und gar entspannte Eskapade mit Blick aus der Vogelperspektive auf Flussläufe, Landmarken und Wälder. Geht unter die Haut!

Erst wenige Stunden vor der Fahrt gibt der Pilot das Okay und nennt den Treffpunkt für den Start bei Sonnenaufgang. Ob die verabredete Ballonfahrt stattfinden kann oder nicht, darüber entscheidet immer das Wetter. Vom

Treffpunkt geht es zum Startplatz – auch der wird erst kurzfristig festgelegt –, Pilot, Verfolger und Crew mit dem Ballon im Schlepptau.

Die Wiesen sind noch feucht, alle packen mit an, denn so ein Korb ist nicht leicht und auch die Hülle, so schwerelos sie in der Luft scheint, bringt einiges an Gewicht auf die Waage. Vom Pilot kommen präzise Kommandos. Ballonfahren ist Teamarbeit. Der Brenner wirft Flammen, die Hülle füllt sich mit heißer Luft, richtet sich auf und einer nach dem anderen darf in den Korb klettern. Niemand bemerkt, wie unser Verfolger den Ballon aus der Sicherung löst. Ganz ruhig steigt das Gefährt auf, bringt schnell Distanz zwischen sich und den Boden. Bäume, Häuser, Wege werden zu Spielzeugobjekten, die Perspektive ist neu. Auch das Tempo: Die Landschaft rauscht nicht dahin, sie gleitet, nimmt in der aufge-

henden Sonne erst langsam Kontur an und zeichnet sich dann immer schärfer ab. Trotz Technik an Bord dienen markante Punkte am Boden der Orientierung. Erstaunlich, wie weit das Auge reicht und was es da zu entdecken gibt. Ein echter Ansporn! Noch schlängelt sich unten sichtbar der Rhein, Schornsteine und Windräder recken sich dem Ballon entgegen, die Säume von Städten fransen aus und machen irgendwann einem grünen Flickenteppich Platz. Bis auf 1000 Meter geht es hoch. Zu hören ist dort nur das gelegentliche Aufflammen des Brenners und die Reibung der Ballonhülle an der Luft beim Aufsteigen.

Der Ballon fährt nach Norden – denn so weht gerade der Wind, der gar keiner ist –, sinkt über einem Waldgebiet etwas tiefer, malt seinen Schatten in die Baumkronen. Und hat vielleicht die Rehe aufgeschreckt, die in weiten Sprüngen über eine kleine Lichtung setzen. Die Kühe, die die umliegenden Weiden sprenkeln, zeigen sich eher unbeeindruckt und recken nur träge den Kopf.

Es wird Zeit, nach einem Landeplatz Ausschau zu halten. Ein Feld, eine Wiese ohne Zaun. Der Verfolger hat den Ballon im Blick und taucht bald selbst in unserem Blickfeld auf. Über Seile öffnet der Pilot Klappen in der Hülle, lässt den Ballon langsam an Höhe verlieren und peilt eine freie Wiese an. »Festhalten!« Bleibt der Korb stehen oder kippt er um? Es bleibt spannend. Mit einem Ruck setzt er auf, macht noch einen, zwei Hüpfer und bleibt dann tatsächlich stehen, während die Hülle ins Gras und langsam in sich zusammensinkt.

Noch ist das Abenteuer nicht zu Ende: Der Ballon will gefesselt, Korb und Hülle wollen verstaut werden. Wieder Teamarbeit. Und dann? Dann werden die Mitfahrer getauft:

Lautlos über die Landschaft gleiten und die Welt von oben betrachten. Ballonfahrer kennen ihren Startpunkt, jedoch nicht das Ziel – die Reise bleibt bis zuletzt spannend.

Eine Haarsträhne fällt einer Feuerzeugflamme zum Opfer und wird mit Sekt gelöscht. Ballonfahren ist besonders!

FAZIT: DIE LANDSCHAFT AUS DER VOGELPERSPEKTIVE ERLEBEN, OHNE DEN WEG UND DAS ZIEL ZU KENNEN. EINE GANZ BESONDERE ESKAPADE.

Hin & weg: Benjamin Eimers aus Moers steigt am Niederrhein und im Ruhrgebiet in den Himmel (www.eimersballooning.de).

Dauer: Ballonfahrt mit Vorbereitung, Landemanöver und Ballonfahrertaufe ca. 4 Std. Ganzen Tag einplanen, da Start- und Landeplatz nicht identisch sind.

Beste Zeit: Ganzjährig.

Ausrüstung: Leichte, sportliche Kleidung im Zwiebelprinzip, flache Schuhe, ein wärmendes Oberteil.

AUF'M DEICH

$\gtrless$ ... entlang der Emmericher Ward $\lessgtr$

Über den Deich spazieren, die Auen im Blick, unterwegs Obst pflücken und sich den Kopf freipusten lassen. Und plötzlich mit einem Fuß in Holland stehen. Im Sommer surren Libellen in der Emmericher Ward, im Winter wird sie regelmäßig vom Rhein überflutet.

#Auenlandschaft #Naturerlebnis #Storch #Obstpflücken

Wo Flüsse gern über die Ufer treten, ducken sich die Häuser lieber hinterm Deich. Wer dort hinaufklettert, hat die beste Aussicht aufs Geschehen.

Schon von Weitem grüßt der schöne Kirchturm von Hüthum. Hier aus dem Bus steigen und mit strammen Schritten erst einmal raus aus dem Dorf und rein in die Wiesen. Zweimal rechts, vorbei an schmucken Einfamilienhäusern, dann links auf die Kleysche Straße und schon schiebt sich der Deich ins Blickfeld. Mitsamt Strommast, auf dem ein riesiges

Nest thront. Das Storchenpaar ist hier ganzjährig anzutreffen.

An der Gabelung rechts auf die Uferhofstraße und dann noch einen Schlenker nach links, wo am Ende des Wegs eine weiß gestrichene Hütte leuchtet und Sitzbänke zur Rast einladen. Dafür ist es eigentlich noch zu früh. Lieber

Wer die Bewohner der Ward ins Visier nehmen möchte, hat einen Feldstecher dabei oder wartet geduldig im Ausguck. Da kann schon mal die Zeit vergehen.

sieht man nicht, kaum zu glauben, dass er im Herbst regelmäßig über die Ufer tritt und das Land bis an den Deich überschwemmen kann.

Zieht er sich zurück, bleiben Wassertümpel. Dichtes Schilf mit federigen Spitzen verrät, wo sie liegen, und im Sommer sind sie Brutplatz für seltene Libellenarten. Auch Wat- und Wasservögel fühlen sich hier wohl und in den Morgen- und Abendstunden lässt sich Wild beobachten. Der eine oder andere Hochstand ragt aus dem Grün, doch gejagt wird in der Ward nur mit dem Feldstecher.

Nicht weit davon, ein kleines Stück gen Holland, liegt rechts eine Obstwiese. Kirschen, Äpfel, oder was sonst gerade reif ist, dürfen gepflückt werden. Neugierige setzen den Weg jenseits der Grenze fort. Aber auch diesseits gibt es noch so viel zu entdecken: Kleine Pfade führen vom Deich hinunter bis an den Rand der Ward. Vielleicht versteckt sich ein Hase in der langen Grasnabe? Oder ein scheuer Fuchs?

gleich nach oben auf den Deich, wo Aussicht und ein frisches Lüftchen locken.

In wenigen Schritten ist die Dammkrone erreicht. Zur Rechten liegt Holland, zur Linken ist eben noch die imposante Emmericher Rheinbrücke zu erkennen. Den Rhein selbst

Hier und da ein Tümpel, der von der letzten Überflutung zurückgeblieben ist und schnell als Lebensraum von den Wardbewohnern erobert wird: Immer wieder muss sich die Natur hier neu erfinden.

Wer Lust hat, macht noch einen Abstecher über den Spyker Weg und den Moddeich zum Naturschutzgebiet Moiedtjes. Seine rund 30 Teiche sind bei der Lehmgewinnung entstanden und bieten heute einer großen Anzahl von Bibern einen Lebensraum. Nicht alle Moiedtjes sind zugänglich, einen Eindruck von der urwaldähnlichen Vegetation mit ihren seltenen fleischfressenden Pflanzen und den schillernden Eisvögeln bekommt man jedoch ganz schnell.

Es geht wieder hinauf auf den Deich und dann schnurstracks Richtung Rheinbrücke zum gemütlichen Jachthafen am Hüthumer Meer, wo man im Hafenbistro einkehren, Bötchen beobachten oder Wolken gucken kann. Zurück in Hüthum noch im Alten Gasthaus Christ (www.altes-gasthaus-christ.de) vorbeischauen und eine niederrheinische Spezialität probieren. Im Herbst vielleicht einen saftigen Gänsebraten?

Tipp: Zwei- bis dreimal im Jahr bietet der Naturschutzbund Exkursionen in die Ward an (www.nabu-naturschutzstation.de).

FAZIT: FLOTTER SPAZIERGANG MIT DER NASE IM WIND, VORBEI AN FELDERN UND AUEN FÜR ABWECHSLUNGSREICHE TIERBEOBACHTUNG. GANZ NEBENBEI OBST NASCHEN.

Hin & weg: Mit Buslinie 94 bis Hüthum/Kirche.

Dauer & Strecke: 6 Std. mit Schmaus im alten Gasthaus, ca. 15 km.

Beste Zeit: Ganzjährig.

Ausrüstung: Feldstecher, Jutebeutel für Obst.

MUSCHELN SAMMELN

... am Rheinstrand bei Walsum

#32

Bei Muscheln denkt man gleich ans Meer, dabei gibt es sie auch in Flüssen und Bächen. Am Rheinstrand bei Walsum leuchten sie zwischen den Flusskieseln. Ein guter Grund, mit der Fähre überzusetzen und sie aufzusammeln!

Schafe halten die Deichnarbe schön kurz und sind so etwas wie ein natürlicher Rasenmäher.

Meter hohe Pulverturm noch erhalten –, hat man einen herrlichen Ausblick auf den Fluss.

Zunächst geht es jedoch hinunter ans Ufer. Von der Bushaltestelle in südwestlicher Richtung über die Fährstraße zum Rheintor, dem kantigen Hochwasserschutztor, das 1937 nach Plänen des Architekten Helmut Hentrich gebaut wurde. Dort fallen die üppig grünen Rheindeiche sanft ab.

Mit etwas Glück begegnet man dem Schäfer Udo Reisloh und seiner Herde. Die Schwarzköpfe beweiden den Deich, halten die Vegetation kurz und sorgen zudem für hübsche Tupfer in der Landschaft. Nicht nur in Orsoy, bis nach Issum oder Saalhoff zieht Reisloh mit seinen 700 Tieren. Immer auch begleitet von seinen beiden Hütehunden, einem Harzer Fuchs und einem Schafpudel, der gleich zeigt, was er kann, als einer der Schwarzköpfe ausbüchst.

Der Weg endet am Ableger der Rheinfähre, die täglich zwischen dem linken und dem rechten Rheinufer pendelt. An Bord gehen, Plätzchen an der Reling suchen, Nase in den Fahrtwind und genießen! Schade, dass die Überfahrt nur wenige Minuten dauert. Und doch fühlt sie sich wie eine kleine Reise auf dem großen Wasser an. Am gegenüberliegenden Ufer begrüßen kreischende Möwen die Ankömmlinge. Links vom Anleger erstreckt sich ein flaches Kieselufer – je nach Wasserstand mal breiter, mal schmaler. Schon

Orsoy ist gemütlich und überschaubar – die Wege sind kurz in der alten Festungsstadt. Und die liegt direkt am Rhein. Vom Wallpromenadenring, dessen Verlauf der alten Stadtbefestigung folgt – im Süden ist der alte, 18

Zaungäste: Möwen warten geduldig auf den einen oder anderen Fisch, der ins Kielwasser der Fähre gerät. Seit einigen Jahren gibt es auch wieder Flussmuscheln, die man am Ufer sammeln kann.

schwappt das Wasser um die Füße, also lieber ein paar Schritte zurück. Aber Vorsicht, es kann rutschig sein!

Und dort zwischen den glatt geschliffenen Kieseln liegen sie: herzförmige Muscheln mit braun und schwarz geriffelter Schale, hübsche Souvenirs, die auch gleich in die Jackentasche wandern. Schon ist der Ehrgeiz geweckt, nach noch schöner geformten, bunteren und größeren Exemplaren Ausschau zu halten. Sind die Taschen gefüllt, einfach weiterschlendern, die Uferböschung hinaufklettern und einen Blick in den kleinen Kanalhafen werfen, bevor es in einem Schlenker zurück zur Fähre geht, die schon bald wieder startbereit ist.

In Orsoy bewundert man seine Fundstücke am besten noch einmal bei einer Tasse Kaffee, zum Beispiel bei Frau Ella in der Kuhstraße 6 (www.frau-ella-orsoy.de).

Tipp: Wer ab Bushaltestelle dem Nordwall und dann links dem Wallpromenadenring folgt, erreicht nach etwa 300 Metern einen feinsandigen Strand zum Sonnenbaden und Schiffegucken.

FAZIT: KURZWEILIGE ESKAPADE, BEI DER MAN SICH BEINAHE AM MEER WÄHNT. KLEINE KREUZFAHRT INKLUSIVE.

Hin & weg: Buslinie 913 bis zur Haltestelle Orsoy/ Grundschule. Dann mit der Fähre Glück auf (www.rheinfaehre-walsum.de) einmal ans andere Rheinufer und zurück.

Dauer & Strecke: 2–3 Stündchen oder bis zum Sonnenuntergang am Sandstrand verweilen, 4,6 km.

Beste Zeit: Jederzeit bei Sonnenschein.

Ausrüstung: Beutel für die Fundstücke am Fluss.

FINDLINGE AM DÜRSBERG

›‹ ... unterwegs in der Sonsbecker Schweiz ‹›

Die Schweiz gibt es auch am Niederrhein. Und mittendrin den Dürsberg. Aufgestaucht von den Eismassen der Kaltzeit, die auch ein paar Findlinge in die Landschaft gestreut haben. Heute ist es dort nicht rau und karg, sondern gemütlich gewellt.

Vor Jahrtausenden vom Eis überrollt, geschliffen und geformt: die gewellte Landschaft der Sonsbecker Schweiz. Der Name ist passend, schließlich gibt es hier auch einige Felsen – die Findlinge.

Ein guter Startpunkt für diese Wanderung ist der Römerturm am Dassendaler Weg. An den einstigen Wachturm zur Sicherung der römischen Heerstraße zwischen Xanten und Venlo erinnert nur noch der Name. Denn der heutige Turm, gedrungen und aus rotem Backstein, stammt von 1417, gehörte zur klevischen Burg und wurde bis 1836 als Mühle genutzt. Flügel gibt es keine mehr.

Es geht rechts auf den Bögelscher Weg, vorbei an einem kleinen Friedhof, und schon signalisieren die Waden: Steigung! Doch nur leicht. Hier wandert man gleich zwischen Feldern und – von Sommer bis Frühherbst, wenn Natur und Landwirte Lust haben – leuchtend gelben Sonnenblumen. Wo linkerhand Laubbäume und Gebüsch zum Wäldchen zusammenrücken, zeigt eine Stele, was vor rund

250 000 Jahren unter Sonsbeck passiert ist. Als sich nämlich Eismassen von Skandinavien bis an den Niederrhein wälzten, den Untergrund schürften und Sand, Kies und Geröll zum Niederrheinischen Höhenzug aufstauchten. Ein Teil davon ist die Sonsbecker Schweiz und der Dürsberg mit 87,20 Metern ihr Gipfel. Auf seinem Rückzug hat das Eis ein paar Souvenirs hinterlassen. Einige davon liegen

Hin & weg: Mit Buslinie 36 bis zur Haltestelle Sonsbeck/Neutorplatz. Von dort 500 m zum Römerturm (Dassendaler Weg 13).

Dauer & Strecke: 4 Std. mit Picknick am Turm, 3,5 km.

Beste Zeit: Sommer und Herbst, wenn Sonnenblumen die Felder gelb sprenkeln.

Ausrüstung: Leichte Wanderschuhe, Picknick.

auf dem Findlingsweg verstreut. Der zweigt links ab. Da gibt es Buntsandstein aus dem Schwarzwald, Dolomit aus der Eifel und Granit aus Skandinavien. Der soll unglaubliche 300 000 Millionen Jahre alt sein. Mit seinen fünf Millionen Jahren ist der Quarzit aus der Niederrheinischen Bucht da ein echter Jüngling! Von hier darf man gern einmal einen Blick zurückwerfen und wird überrascht: Im Dunst des Sonnenlichts liegen einem die Dächer von Sonsbeck zu Füßen.

Zurück auf dem Bögelscher Weg zieht die Steigung an. Das macht aber nichts, denn Infotafeln mit Wissenswertem zur Entstehung der Landschaft animieren zu kleinen Pausen. Bei der nächsten Gelegenheit geht es rechts geradewegs auf den Aussichtsturm zu. Gäbe es da nicht den Generationswechsel vom hölzernen zum ultramodernen Turm, könnte man jetzt noch einmal 154 Stufen weiter hoch klettern, um über die Baumwipfel zu sehen.

Aber auch ohne Turmsicht ist der Ausblick in alle Richtungen eine Wucht! Und eine einladende Bank genau der richtige Ort fürs Picknick in der Mittagssonne. Wer dabei schläfrig wird, wandert einfach auf dem gleichen Weg zurück. Gestärkte umrunden noch flugs das kleine Wäldchen auf dem Prastenweg. Nimmermüde folgen dem Weg weiter Richtung Osten und kehren über die Xantener Straße an den Ausgangspunkt zurück. Von dort noch schnell zur Gommanschen Mühle? Aber ja, es sind nur 500 Meter!

Tipp: Wer länger bleiben möchte, um diese Eskapade mit einem Besuch auf dem Pauenhof (Eskapade #28) zu verbinden oder um Maronen im nahen Wald Winkelscher Bruch zu sammeln, kann im alten Römerturm übernachten (www.hotelspecht.de).

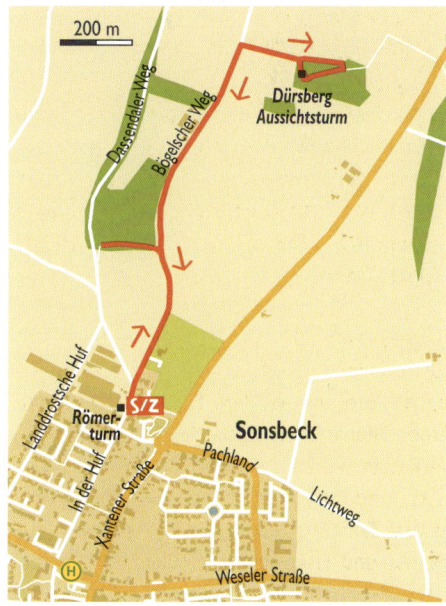

FAZIT: WADENMASSIERENDE WANDERUNG IM FREUNDLICHEN AUF UND AB ÜBER GESCHICHTSTRÄCHTIGEM GRUND. SCHÖNE AUSSICHTEN GARANTIERT!

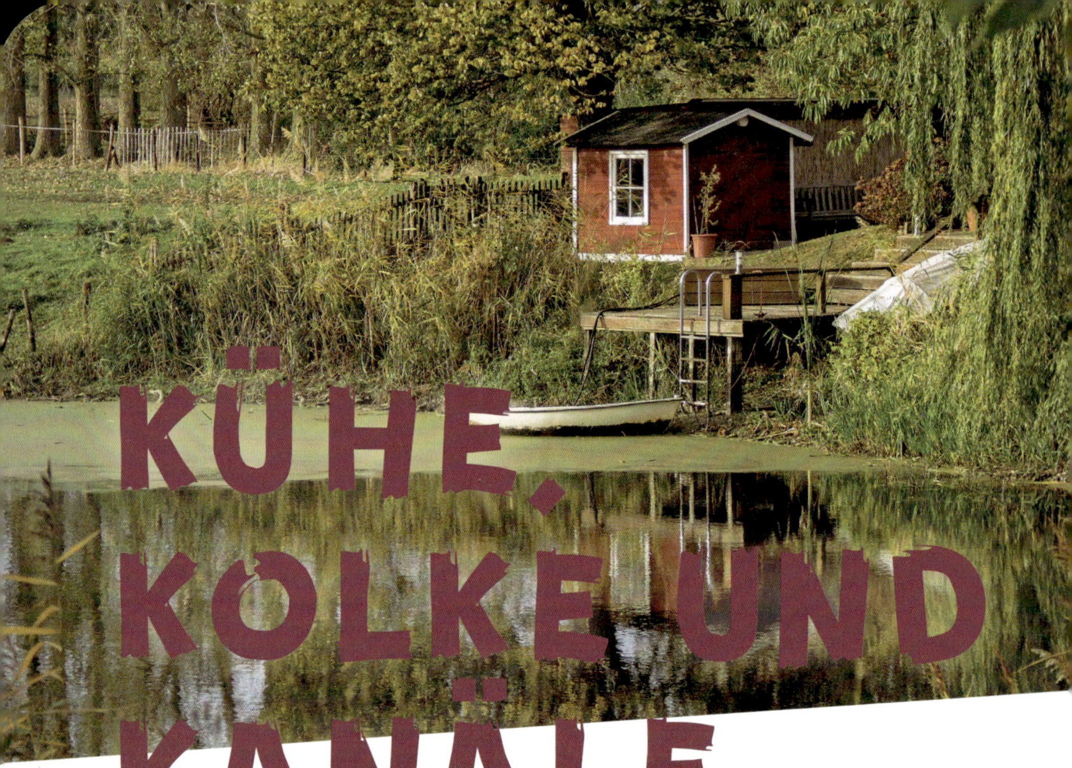

KÜHE, KOLKE UND KANÄLE

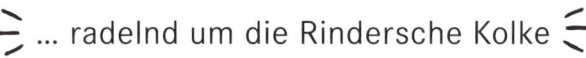

... radelnd um die Rindersche Kolke

#34

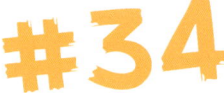

Wenn der Rhein über die Ufer tritt, dann gibt es oft kein Halten mehr. Das war schon immer so. Überbleibsel früherer Fluten und Deichbrüche sind zum Beispiel die Kolke bei Rindern. Radelnd lassen sie sich umrunden. Kühe gucken inklusive!

#Rinder #Altrheinarm #WieinSchweden #Schnattergänse

An den kleinen Kolken, die sich in die Landschaft ducken und hinter Bäumen verstecken, wähnt man sich beinahe in Schweden. Vor allem, wenn rot gestrichene Hütten so hübsch am Ufer stehen.

→ AUSFLÜGE...

Ein Kleinod am Stadtrand von Kleve, zu dessen Erkundung man am besten an der St.-Willibrord-Kirche in Rindern startet. An dieser Stelle macht der Drususdeich, benannt nach dem römischen Feldherrn, der hier mit seinen Legionen Geschichte schrieb, einen scharfen Knick. Hier wird aufgesattelt, hier folgt man auf dem Rad- und Wanderweg der gewundenen Linie des Deichs, dessen Verlauf von früheren Überflutungen geformt wurde. Ein Zeitzeuge, der zwischen Wasserflächen mäandert und schöne Ausblicke auf die grünen Weiden erlaubt, wo jetzt schon die ersten weißen Charolais-Rinder in Sicht kommen.

Auf diesem Stück darf man das Rad gern schieben und auch mal kurz abstellen, um die artenreichen Hecken in Augenschein zu nehmen. Da wächst sogar Hopfen! Und Weißdorn, dessen pralle, rote Beeren in dicken Büscheln herabhängen. Wer von Herbst bis Frühjahr unterwegs ist, sieht hier ein ungewöhnliches Schauspiel: Völlig unbeeindruckt von den kräftigen weißen Huftieren genießen arktische Wildgänse den Schutz der Wiesen. Rinder, Gänse und Wasservögel trinken und baden an den Kolken. An einigen ragt ein Steg ins Wasser. Sogar eine falunrot gestrichene Hütte mitsamt Ruderboot leuchtet irgendwo

Wer am Wegesrand haltmacht, um in der Bücherbox zu stöbern, muss damit rechnen, dass die Stille von aufgescheuchten Wildgänsen unterbrochen wird. Zwischen Herbst und Frühjahr gesellen sie sich zu den Charolais.

im Grün. Beinahe wähnt man sich in Schweden! Für Besucher ist die Hütte leider tabu. Die können allerdings am ebenfalls rot gestrichenen »Bücherhaus« diesseits der Hecke nach Lektüre schummeln. Zum Mitnehmen oder Tauschen.

Kurz vor Düffelward geht der Drususdeich rechts in die Grindweide über und die mündet schließlich in die Johanna-Sebus-Straße. Der parallel zum Altrheinarm verlaufende Weg erinnert an die siebzehnjährige Johanna Sebus, die 1809 beim Versuch ertrank, andere aus den Fluten des Jahrhunderthochwassers zu retten.

Wenig später erreicht man die denkmalgeschützte Schleuse, die Wardhausen von

Brienen trennt und schon seit 1688 für eine Nivellierung des Wassers sorgt. Früher sogar von Dampfschiffen befahren, passieren heute nur noch Sportboote den schmalen Spoykanal. Bevor es an seinen Ufern weitergeht, noch kurz ins kleine Café an der Schleuse (www.zumjohannasebusdenkmal.de). Benannt ist es nach der tragischen Johanna. Bei einer duftenden Tasse im frisch getauschten Buch schmökern. Herrlich!

Auf zur letzten Etappe, immer parallel zum Kanal, bis sich Weg und Wasser hinter der Autobrücke Adieu sagen. Wo der Spyckser Baum nach Salmorth abzweigt, noch einmal einen Stopp machen und die dort liegenden Kolke bewundern. Vielleicht sogar ein kurzes Stückchen den Tweestrom links entlangspazieren

Der Drususdeich ist dicht von Hecken bewachsen, sodass man sich manche Aussicht regelrecht erobern muss. Neben hellgrünem Hopfen leuchten die prallroten Beeren des Weißdorns.

für bessere Wasserblicke. Von dort geht es endgültig zurück, der Drususdeich ist wieder erreicht und nach einer Weile auch die Kirche.

Tipp: Diese Eskapade lässt sich perfekt mit einem Abstecher zur Eisenbahnbrücke nach Griethausen verbinden (Eskapade #10).

Hin & weg: Mit dem Auto bis zur Kirche in Rindern, Rad »im Gepäck«!

Dauer & Strecke: Ein Nachmittag mit Pausen an den Kolken und an der Schleuse Brienen, 7,2 km.

Beste Zeit: Frühjahr bis Herbst. Im Herbst bevölkern Wildgänse die Wiesen.

Ausrüstung: Rad, sportliche Kleidung und vielleicht ein Buch zum Tauschen an der Bücherbox.

FAZIT: EINE GEMÜTLICHE RADTOUR, DIE GEDANKLICH NACH SCHWEDEN ENTFÜHRT!

WIRD DAS WAS ...?

... auf dem Neuhollandshof

 **#35**

Es gibt Orte, die mag man immer wieder besuchen. Weil sie so schön sind, die Atmosphäre so besonders ist und die Menschen dort so nett sind. Und weil man fürs Leben lernen kann. So ein Ort ist der Neuhollandshof bei Wesel.

Schwarzweißes Federkleid, rote Strümpfe: Meister Adebar ist ein echter Blickfang. Und Zugereister, der erst vor wenigen Jahren die feuchten Wiesen im Rheinvorland bei Bislich erobert hat. Wer ihm nachspüren möchte, schnappt sich einen Drahtesel und folgt der »Storchenroute«, die zwischen dem mächtigen Rhein und zahlreichen kleinen Tümpeln, den Woy, mäandert. Hat man Zeit im Gepäck, entdeckt man unterwegs außer Storchennestern noch viel Spannendes. Zum Beispiel auf dem Neuhollandshof.

Ganz so neu, wie sein Name vermuten lässt, ist der nicht. 1867 prangt da am Stufengiebel des weiß getünchten Hauses. Gebaut, weil der alte Hollandshof gleich gegenüber für die acht Kinder der Familie zu klein geworden war. Doch 150 Jahre und viele Generationen später herrscht hier noch immer so etwas wie ein neuer Geist und Aufbruchstimmung. Inzwischen heißt die Familie nicht mehr Holland, sondern Clostermann.

Das moderne Hofleben ist ihr Ding und vieles dreht sich dabei um den Apfel. Vor allem um seinen biodynamischen Anbau. Ganze 30 Sorten wachsen auf 20 Hektar Land, dazu Birnen und Walnüsse. Und dann gibt es da noch die Bienenstöcke. Denn ohne Bienen kein Obst. Damit die fleißigen Helfer genügend Abwechselung haben, sind überall an den Obstbaumreihen duftende Rosen gepflanzt. Ihnen ist ein eigenes Fest gewidmet: im Juni, wenn sie in

Wer mit den Clostermanns einen Rundgang durch den Neuhollandshof macht, um den Geheimnissen des Apfel-
schnitts auf die Spur zu kommen, riskiert Kopf und Kragen: Zum Verlieben schön ist der alte Hof!

voller Blüte stehen. Darf man sich gerne dick im Kalender anstreichen!

So richtig zur Sache geht es allerdings im September. Dann ist nämlich Apfelernte für jedermann mit Saftmobil und allem, was dazugehört. Auch Vierbeiner sind willkommen. Ganz besonders Wissenshungrige begleiten Rolf Clostermann zuerst in die Scheune, wo lederne Schürzen, Scheren und vieles mehr auf ihren Einsatz warten, und danach auf die Wiese, um der Frage nachzugehen: »Wird das was oder kann das weg?« Clostermann erklärt, was wann und warum am Baum wächst. Und was da lieber weggeschnitten werden darf.

Längst vergessenes Wissen wird wie ein bunter Fächer ausgebreitet. Sogar das Werkzeug erfährt Wertschätzung. Auch wer zu Hause keinen eigenen Obstbaum hat, kann diesen schönen Gedanken mitnehmen. Oder begleitet Thea Clostermann in die Küche, um sich die besten Rezepte für einen leckeren Apfelkuchen zu holen.

Tipp: Am Niederrhein gibt es zahlreiche (Bio-) Höfe mit tollen Konzepten. Von gemütlichen Gehöften bis zum herrschaftlichen Schloss ist alles dabei. Und irgendwo ist immer Programm. Beispielsweise jeden Samstag Suppe essen auf Gut Heimendahl (www.gut-heimendahl. de), Bienen gucken auf dem Heilmannshof (www.heilmannshof.com) oder samstags einkaufen im Hofladen bei den Clostermanns (www.clostermann-organics.com).

Hin & weg: Den Neuhollandshof passiert man entweder als Station auf der »Storchenroute« oder man fährt direkt mit dem Wagen hin: Jöckern 2, Wesel-Bislich.

Dauer & Strecke: Rund 3,5 Std. für die Radtour (15 km) und noch einmal so viel für den Neuhollandshof.

Beste Zeit: Besonders schön im Juni, wenn die Rosen zwischen den Apfelbäumen blühen (mit Rosenfest) und im September zur großen Apfelernte (mit Tour de Pomme).

Ausrüstung: Neugierde und Landliebe!

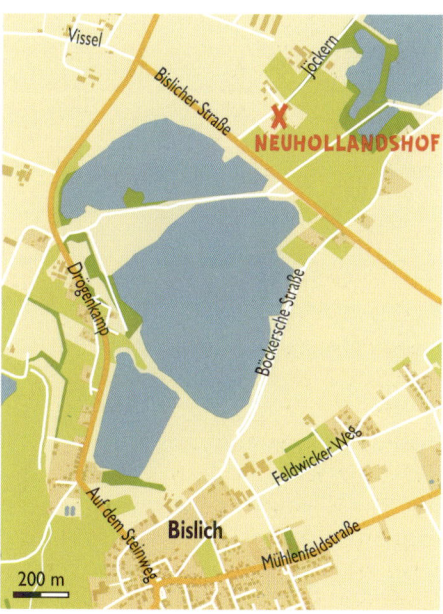

**FAZIT: SICH ERDEN. ALTES WISSEN IN SICH
AUFSAUGEN MIT DER NASE AN DER FRISCHEN LUFT.**

DAS HÖCHSTE DER GEFÜHLE

 ... klettern auf den Süchtelner Höhen

#36 *Mal so richtig in den Seilen hängen, über schwankende Stege balancieren oder hoch über dem Waldboden durch die Luft sausen? Rein in die Sportklamotten, ab in den Kletterwald! Auf den Süchtelner Höhen ist er besonders abenteuerlich.*

#vonBaumzuBaum #indenSeilenhängen #SüchtelnerHöhen   153

nerhaken. Wer schon einmal in den Bergen geklettert ist, kennt sich aus. Alle anderen hören besonders gut zu.

Der Gurt wird um die Taille gelegt und strammgezogen. Es gibt zwei Schlaufen für die Beine – auch die anziehen –, eine Rolle fürs Ziplining, die erst einmal an den Gurt gehängt wird, und einen mächtigen Karabiner, der dafür sorgt, dass Kletterer im Parcours sicher sind. Ohne ihn geht es weder hinauf noch hinunter.

Für den Anfang wird an einem bodennahen Miniparcours geübt und gleich stellt man fest, dass Theorie eben doch nur die eine Hälfte des Ganzen ist. »Handgriffe wiederholen!«, heißt die Zauberformel! Und ja, jetzt sitzen sie. Martin vom Kletterpark beruhigt: »Wir holen euch da raus, wenn ihr stecken bleibt!« Gut zu wissen. Es kann also losgehen.

Das Abenteuer beginnt schon am Boden. Dann nämlich, wenn die Einweisung beginnt. Ohne die geht nichts, schließlich hangelt man sich nicht freihändig von Ast zu Ast, sondern gut ausgerüstet mit Gurt, Rollen und Karabi-

Mit einem der leichteren Parcours anzufangen macht Sinn. Man mag sich ja langsam herantasten. Herausfinden, wie es sich anfühlt in luftiger Höhe: in Kopf und Magen. Vier bis sechs Meter scheinen da perfekt. Höhensicherung einhaken, Karabiner einfädeln, das System ist ausgeklügelt: Wer sich falsch einklinkt, kommt nicht weiter. Hoch auf den ersten Baum, auf die erste Plattform. Der Blick nach unten erstaunt: vier Meter nur? Gefühlt ist es schon das Dach der Welt!

Von hier führen schmale, an Seilen befestigte Bohlen zum nächsten Baum. Eine wackelige Herausforderung. Herabbaumelnde Seilenden dienen als Haltegriff. Schon beim ersten Schritt beginnt sich der Körper zu drehen. Instinktiv steuert man gegen, sucht Balance im nächsten Seil. Die Abstände werden größer

Über schwankende Bohlen balancieren, Muskeln anspannen, Gleichgewicht finden: Der Kletterpark ist eine Herausforderung für Geist und Körper. Mit Karabinern hängt man ganz sicher in den Seilen.

und mit jeder gemeisterten Bohle wächst die Sicherheit. Geschafft! Zwischen den Blätterkronen kann man andere Kletterer erspähen. Und auch einfach mal den Blick von ganz weit oben genießen. Wann hat man schon die Gelegenheit dazu?

Es geht weiter über Drahtseile, die balancierend gemeistert werden wollen, eine Kombination aus Trittschlaufen und dünnen, pendelnden Stämmen, die sich scheinbar jedem Griff entziehen. Und dann heißt es Rolle ins Seil – Ziplining! Wer es noch nie gemacht hat, denkt am besten gar nicht darüber nach und stürzt sich einfach ins Vergnügen. Da werden ganz schön viele Glückshormone freigesetzt! Steht man nach einigen Stunden endlich wieder auf dem Waldboden, scheint der zu schwanken wie nach einer Segeltour. Aber nur ganz leicht ...

FAZIT: EIN GANZ NEUES KÖRPERGEFÜHL, WENN MUSKELN STRAPAZIERT WERDEN, DIE MAN SONST NIE BEWEGT. VORSICHT: SUCHTGEFAHR!

Hin & weg: Parkplatz Sportpark Süchtelner Höhen an der Hindenburgstraße in Süchteln und dann ca. 1 km durch den Wald (Beschilderung folgen). Oder mit Buslinie 019 zur Haltestelle Rader Weg, diesem in Richtung Wald ca. 1 km folgen.

Dauer: Ca. 5 Std. (inklusive Einweisung) bis ultimo, wer eine Wanderung über die Süchtelner Höhen oder ein Picknick anschließen möchte.

Beste Zeit: Anfang April bis Ende Oktober, an sehr heißen Tagen ist das Klettern im Wald eher nicht zu empfehlen. Infos unter www.kletterwald.net

Ausrüstung: Sportliche Kleidung und Schuhe, leichte (Kletter-)Handschuhe (kann man auch vor Ort für 2 Euro erwerben), eventuell Picknick.

BISMARCK UND DER HOLUNDER- BUSCH

 ... unterwegs in Viersen

Die Süchtelner Höhen sind die Berge Viersens. Mit 86 Metern sind sie – zumindest aus niederrheinischer Perspektive – auch ganz ansehnlich. Dort wachsen Buchen, Eichen, Fichten. Und Holunderbüsche. Und dann gibt es da noch Bismarck.

#HolunderundBismarck #Stadtfrüchte #HoherBusch #Labyrinth

Dem Moos auf der Spur im Steinlaby-
rinth, auf der Jagd nach Holunder, dann
noch schnell Bismarck grüßen und
nebenbei einen Hügel erklimmen. Das
geht ganz einfach am Hohen Busch.

Was Bismarck mit Holunder zu tun hat? Genau genommen nichts. Abgesehen vielleicht von dem Hochprozentigen, der nach dem Staatsmann benannt ist, statt Holunder aber nur Hopfen enthält. In Viersen am Hohen Busch, da kommen sich die beiden aber ganz nah.

Dort liegt auch die geografische Mitte Viersens. Gleich vis-à-vis vom Wanderparkplatz an der Aachener Straße duckt sich ein Labyrinth in die Landschaft. Kein Irrgarten mit mannshohen Hecken: Dieses ist im Karree angelegt aus grauen, nur kniehohen Steinen mit kleinen, grünen Moosflecken. Verirren kann man sich hier nicht. Vielmehr schnurstracks auf jene Mitte zulaufen, in der – wir sind am Niederrhein und da sind sie so typisch! – ein Apfelbaum steht. Davor zwei Sitzbänke, die genauso archaisch wirken wie der Ort selbst. Hier wäre Verweilen im Schatten der Krone schön, wäre man nicht gerade erst angekommen und voller Tatendrang!

Schon wenige Meter weiter rechts den Weg hinauf grüßen die ersten Holunderbüsche. Im Juni und Juli leuchten ihre weißen Blütendolden, aus denen man einen leckeren Sirup macht. Zwei Monate später entwickeln sich die Früchte – beste Zutaten für einen kräftigen Likör: Dafür zwei Kilo Beeren in zwei

Litern Wasser für eine Stunde kochen, abseihen und den Saft mit 650 Gramm Zucker und etwas Vanillezucker aufkochen. Über Nacht abkühlen lassen, im Verhältnis 1:1 mit Rum mischen, in Flaschen abfüllen – fertig!

Wer gleich zu Beginn der Wanderung noch keine Lust auf Ernte hat, wird später reichlich Gelegenheit dazu haben. Also erst einmal weiter in den Wald. Auch hier gibt es ein Labyrinth aus Wegen und auch hier kann man sich eigentlich nicht verirren: Entweder geht es leicht bergan oder leicht bergab. Wer doch einmal die Orientierung verliert, wird ganz von allein über einen der schön geschwungenen Pfade zurück an den Fuß vom Hohen Busch gelenkt.

Aber erst einmal schauen – nach Holunder natürlich! Besonders üppig wächst er in der Nähe der Kuppe. Vorbei am Wasserturm, der eher an einen flachen Topf erinnert und sich im Wald mit seinem grünen Anstrich perfekt tarnt. Von dort hinunter in die Kuhle und hinauf zum Bismarckturm, der etwas schmucklos auf einer Lichtung steht. Umso schöner ist die Lichtung selbst: Kopf in den Nacken, in den blauen Himmel schauen und sich an dem grünen Laub freuen, das sich tänzelnd ins Blickfeld schiebt.

Von hier geht es gemütlich bergab und geradewegs zurück zum Startpunkt der kleinen Wanderung. Auch auf dem letzten Wegstück liegt ganz viel Holunderduft in der Luft!

Tipp: All diejenigen, die doch noch höher hinaus möchten, finden dazu Gelegenheit im nahen Kletterpark (Eskapade #36).

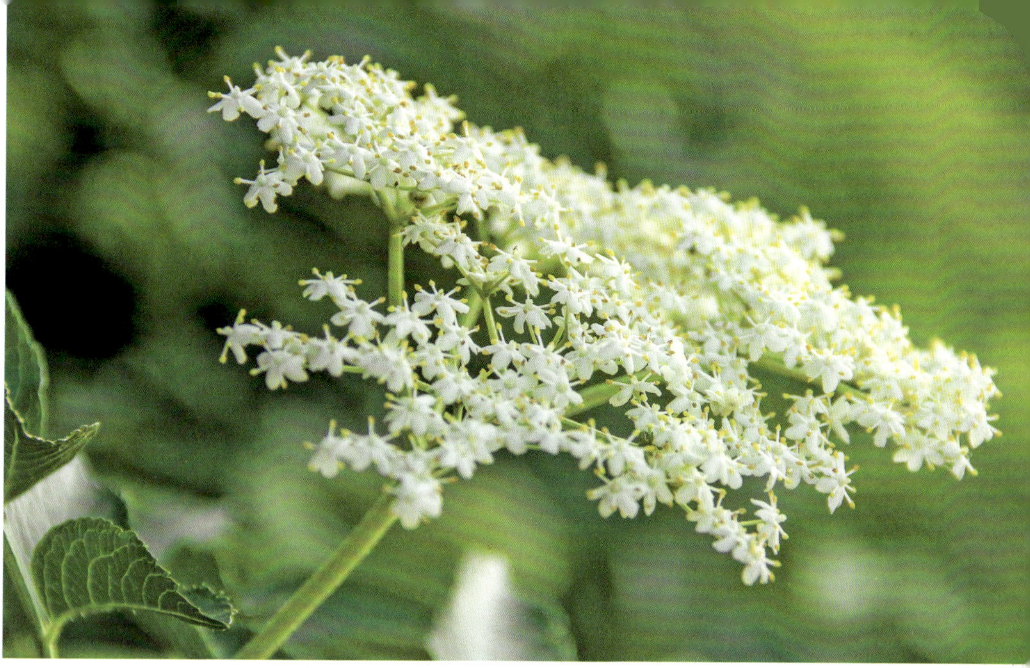

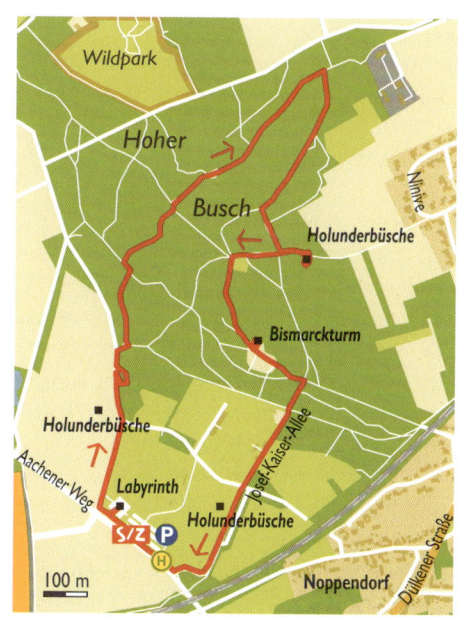

Im Sommer ist es leicht, denn da grüßen die leuchtend weißen Blütendolden des Holunders schon aus der Ferne. Im Herbst darf man genauer hinsehen, wenn man seine blauschwarzen Früchte für Likör ernten möchte.

FAZIT: DIE STEIGUNG IST NICHT ZU UNTERSCHÄTZEN. WIE GUT, DASS BISMARCK UND HOLUNDER REICHLICH GELEGENHEIT FÜR PÄUSCHEN BIETEN!

Hin & weg: Buslinie 080 bis Viersen/Stadion Hoher Busch oder mit dem Auto bis zum dortigen Wanderparkplatz gleich neben dem Labyrinth.

Dauer & Strecke: 1,5–2 Std. für Wanderung und Holunderernte, ca. 4 km; einen Nachmittag in der Küche für leckeren Sirup oder Likör.

Beste Zeit: Frühsommer, wenn der Holunder blüht, oder Sommer für die reifen Beeren.

Ausrüstung: Korb und Gartenschere.

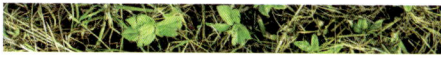

SPIEGLEIN, SPIEGLEIN

≥ ... im Regen um die Nette-Seen ≤

Bei Regen bleibt man lieber drinnen? Auf keinen Fall! In Gummistiefeln und Ostfriesennerz wird schlechtes Wetter zu einem echten Vergnügen. Besonders dort, wo ganz viel Wasser die Welt fantastisch spiegelt. Zum Beispiel an den Nette-Seen.

#Seenlandschaft #BlickeaufsWasser #Gummistiefel #Wolkenberge

Unter grauem Himmel leuchten
Herbstfarben eigentümlich schön
und im Spiegel des Wassers gleich
doppelt. Wer genau hinsieht, entdeckt Details, die der Sonnenschein
oft überstrahlt.

Für die komplette Runde um die Seen – um Windmühlen- und Ferkensbruch, Kleinen und Großen De Wittsee – darf sich der stärkste Schauer gern zuerst ausregnen. Aber die dramatisch aufgebauschten Wolken, die in allen Schattierungen des Tuschkastens über den Himmel ziehen, will man an so einem Tag keinesfalls verpassen.

Die Ouvertüre: der Windmühlenbruch. Genau genommen ist er bereits der vierte von sieben Seen. Wie glänzende Perlen reihen die sich an

eine imaginäre Schnur. Im Süden liegen der Nettebruch, Unterer und Oberer Breyeller See. Alle drei sind lohnende Ziele für ausgedehnte Uferspaziergänge, die an einem anderen Tag ganz sicher oben auf der Wanderwunschliste stehen. Jetzt geht es aber nordwärts!

Am Windmühlenbruch verläuft der Weg immer ganz nah entlang des Ufers. Doch Obacht: Im Bruchwald ist es nass und wer vom Pfad abweicht, der steht ganz schnell bis zu den Knöcheln im Wasser. Gummistiefel sind darum auch bei Sonnenschein eine gute Idee. Hier öffnen sich zur Linken Bäume und Büsche für die schönsten Aussichten auf den See mit seinen Spiegelbildern. Komponiert aus Baumkronen und den Farben des Laubs, hin und wieder auch der Silhouette eines Hau-

Wenn der Wind den Atem anhält und die Natur Bilder in den glatten Wasserspiegel malt: Da mag man gern zweimal hinschauen und unbedingt einen Schnappschuss machen!

ses, das sich in die Landschaft drängelt. Wer mit der Kamera in die Knie geht und aus unterschiedlichen Blickwinkeln den Wasserspiegel in die Bildmitte nimmt, kann faszinierende Motive einfangen. Perfekt symmetrisch!

Wo sich der Windmühlenbruch verjüngt, sprudelt die Nette hinein. Nachdem eine Stauanlage aus den 1960er-Jahren – einst als Hochwasserschutz angelegt – zu einer naturnahen und sehr sehenswerten Fischaufstiegsanlage umgestaltet wurde, kann die Nette auf ihrem Weg durch die Seenlandschaft wieder ungehindert fließen. Elf Wasserbecken bieten Aalen, Güstern oder Flussbarschen Ruhezonen und helfen ihnen über die 1,10 Meter Höhenunterschied auf der wichtigen Migration von der Quelle zur Mündung.

Auch der Ferkensbruch, die nächste Perle auf der Schnur, posiert perfekt für die Kamera. Wer nur zu einer kurzen Runde gestartet ist, biegt am Nordufer links ab. Wer noch voller Tatenrang ist, wendet sich nach rechts und erreicht nach einer weitläufigen Schleife – vielleicht mit einer Pause im Landcafé Stemmeshof (www.stemmeshof.de) – durch Feld und Flur den Großen De Wittsee, umrundet ihn und trifft auf dem Rückweg dessen kleinen Bruder. Von dort lässt man sich treiben, vorbei an versprengten Kopfweiden. Immer wieder schiebt sich Wasser ins Blickfeld. Die Kamera auszuschalten, das lohnt sich eigentlich gar nicht!

Tipp: Lust auf noch mehr Seen? Ab Startpunkt in südlicher Richtung liegen der Nettebruch, Unterer und Oberer Breyeller See.

An trüben Tagen sorgen gelbe Gummistiefel und bunte Fundstücke für gute Laune. Wirkt ungemein ansteckend!

Auch die Krickebecker Seen sind ganz nah. Jeder ist einzigartig!

FAZIT: WENN SICH DAS WETTER AUF DEN KOPF STELLT: MITMACHEN! SETZT GLÜCKSGEFÜHLE FREI.

Hin & weg: Buslinien 064, 095, 096 bis Nettetal/Quellensee oder ab Parkplatz Lobbericher/Breyeller Straße.

Dauer & Strecke: 4–5 Std. mit Pause für Vesper, 11,6 km.

Beste Zeit: Ganzjährig. Tolle Spiegelungen im See gibt es natürlich auch bei Sonnenschein, aber unter dicken Wolkenbergen sind die Seen doppelt schön!

Ausrüstung: Gummistiefel, Regenjacke, Smartphone oder Kamera.

VERWUNSCHENE WASSERWELT

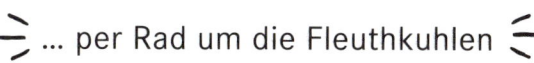

⋛ ... per Rad um die Fleuthkuhlen ⋚

#39

Wege führen nicht immer geradeaus und auch die Natur ist ja eher kurvig. Flüsse sowieso. Per Rad oder zu Fuß geht es entlang der Issumer Fleuth und ins Sumpfdickicht zwischen Geldern und Issum. Grunzende Fische inklusive!

Einem roten Faden folgen, aber mit spontanen Abstechern nach links und rechts: Diese Tour ist ideal für Tage, an denen man viel Energie mitbringt und Lust auf ein kleines Abenteuer hat, denn es geht ins Unterholz.

Start und Endpunkt ist das imposante Schloss Haag, dessen Geschichte bis ins Jahr 1353 zurückreicht. Umgeben ist es von wehrhaften Mauern und trutzigen Türmen, in einem davon kann man sogar übernachten.

Aufsatteln. Ein Picknick ins Gepäck und los. Erst mal geradeaus über den Bartelter Weg radeln und sich mit der Landschaft vertraut machen. Vorbei an Wiesen, die von Gräben mit knorrigen Kopfweiden flankiert sind. Dann flott den Heitkampsee umrunden, kurz innehalten und einen Blick aufs Wasser werfen. Natürlichen Ursprungs ist er nicht, der See,

aber er sieht herrlich verwunschen aus. Die Uferböschung spiegelt sich im Wasser und wer genauer hinsieht, bemerkt die vielen Ringe, die herabfallende Blätter auf seine Oberfläche malen.

Wo der Bartelter Weg in den Mölleweg mündet, links halten und dem Pfad folgen. Es wird etwas holprig. Ein Saum dichter Weiden und Erlen kommt in Sicht. Links und rechts breiten sich Wasserflächen aus. Hier kann man Haubentaucher und Reiherenten, Blässrallen und Graugänse, die ganzjährig in der Region leben, beobachten. Obacht, denn die Ufer sind schlammig! Entstanden sind die Fleuthkuhlen übrigens durch Torfabbau im 18. und 19. Jahrhundert.

Ein Schotterweg führt in nördlicher Richtung zum Illemsveen. Als stehende Gewässer verändern sich die Kuhlen ständig und jede zeigt ein anderes Gesicht. Manche wie das Illemsveen sind schon stark verlandet und doch für lange Zeit des Jahres überflutet. Erlenbruch und Weidengebüsch wiegen sich hier mit dichtem Röhricht im Takt.

Im weiten Bogen geht es zurück über Mölleweg und Aengenesch durch die Auenlandschaft in Richtung Finkenhorst. Eine stille Schattenwelt aus Stileichen und Buchen. Auch Kiefern, Lärchen und Fichten mischen sich darunter. Der Wald schmiegt sich an die Issumer Fleuth, von den Bäumen hängen Äste tief hinab und spannen ein natürliches Dach über

das Flüsschen. Eine kleine Brücke führt hinüber zum Forst – ein guter Platz für eine Verschnaufpause. Vielleicht sieht man auch gleich den akrobatischen Eisvogel bei seiner Jagd nach Kleinfischen? Oder hört das lustige Grunzen des urtümlichen Schlammpeitzgers? Sein Spitzname erklärt sich selbst: »Furzgrundel«.

Im Forst verstecken sich einige Kuhlen, die man fast schon suchen muss. Gleich rechts am Pfad die Beerenbrouck-Kuhle, wo sich im Sommer bunt schillernde Libellen ein Stelldichein geben und Wasserfrösche zum Konzert treffen. Hat man den Forst hinter sich gelassen, kann man noch einen kleinen Abstecher zum sumpfigen Geisberg mit viel Schilf und Röhricht machen, bevor dann ein letzter Schlenker ins Wörchen führt, ein Wäldchen mit hübschen Hänge- und Moorbirken, und zurück zum Schloss.

FAZIT: RADWANDERUNG MIT EXPEDITIONSCHARAKTER, DENN FÜR DIE SICHT AUFS WASSER GEHT ES AUCH SCHON MAL QUERFELDEIN.

Hin & weg: Parkplatz Schloss Haag, Bartelter Weg 4.

Dauer & Strecke: 4–5 Std. mit open end, wenn man einen Abstecher ins Dickicht macht und in den Mikrokosmos eintaucht, 25 km.

Beste Zeit: Frühjahr bis Herbst.

Ausrüstung: Robustes Fahrrad, festes Schuhwerk und Feldstecher.

EIN BISSCHEN BAROCK

 ... in den historischen Gärten von Kleve

#40

Manchmal fühlt sich draußen wie drinnen an: In Parkanlagen, wo die Natur mal mehr, mal weniger gezähmt ist. Wo Blickachsen lenken und alles so schön arrangiert ist, dass man sich gern eine Bank sucht und still genießt. Wie in den historischen Klever Gärten.

#Blickachsen #KunstimKurhaus #Reichswald

Neben dem geometrischen Barockgarten von Johann-Moritz von Nassau-Siegen liegt der ursprüngliche Forstgarten mit seinen alten Bäumen. Im einstigen Kurhaus befindet sich ein Museum für moderne Kunst.

Es leuchtet schön weiß am Fuße des Springenbergs und auch heute besitzt es noch zurückhaltende Grandezza: das klassizistische Ensemble, inzwischen Museum für moderne Kunst, einst jedoch Mittelpunkt eines regen Kurlebens in Kleve. Seit 1742 strömten Besucher nach »Bad Cleve«, gaben sich der heilenden Wirkung der Wässerchen hin und flanierten bei schlechtem Wetter in der Wandelhalle des 1872 erbauten Friedrich-Wilhelm-Bads. Weit erquicklicher war natürlich auch damals ein Spaziergang an der frischen Luft. Und dazu boten die vis-à-vis dem Kurhaus angelegten Gärten, die übrigens noch ein ganzes Jahrhundert älter und so herrlich barock sind, die beste Gelegenheit. Auf den Pfaden der Kurgäste wandelt es sich gut. Und darum ist der Startpunkt für diese

Einst sollte der Kanal Kleve mit dem nahen Rhein verbinden. Heute ist er Teil des Barockgartens und das Zuhause für Heerscharen frecher Möwen, die sich kaum von den Spaziergängern stören lassen.

kleine Eskapade auch das Amphitheater gleich neben dem Kurhaus. Majestätisch thront es über einer Flucht von Terrassen, in denen Wasserbecken das Wolkenspiel am Himmel spiegeln. Am Amphitheater hat man den Springenberg schon halb erklommen. Wendet man sich um, fällt der Blick auf einen 600 Meter langen Kanal, der nach dem Willen von Johann-Moritz von Nassau-Siegen – Statthalter und Planer der Gärten – Kleve mit dem Rhein verbinden sollte. Ganz so weit reicht zwar das Wasserbecken nicht, die Sicht jedoch in gerader Achse über die Rheinebene hinaus und bis zum Eltenberg jenseits des Stroms (Eskapade #9).

Die Symmetrie der Anlage hat eine ungemein meditative Wirkung. Wer nun hinabsteigt, um den Fritz-Moritz-Kanal entlangzugehen, der fühlt sich ganz schnell zu einer der zahlreichen

Bänke hingezogen: Platz nehmen und einfach die Ruhe genießen, Wasservögel beobachten oder den Möwen bei ihren Kunststückchen in der Luft zuschauen.

Für Kinder ist der Tiergarten am Kanal einen Abstecher wert. Die Großen umrunden das Wasser und spazieren hinein in den Forstgarten, den jüngeren und wilderen Teil der Gar-

Hin & weg: Parkplatz Tiergarten Kleve oder mit Buslinie 59 bis Haltestelle Museum Kurhaus Kleve.

Dauer & Strecke: 1–1,5 Std., 3 km. Da bleibt Zeit für einen Museumsbesuch (www.museumkurhaus.de) oder einen Abstecher in den Reichswald. Oder beides. Dann wird aus der kleinen Eskapade ein prall gefüllter Tag.

Beste Zeit: Ganzjährig.

Ausrüstung: Keine besondere, für den Reichswald festes Schuhwerk.

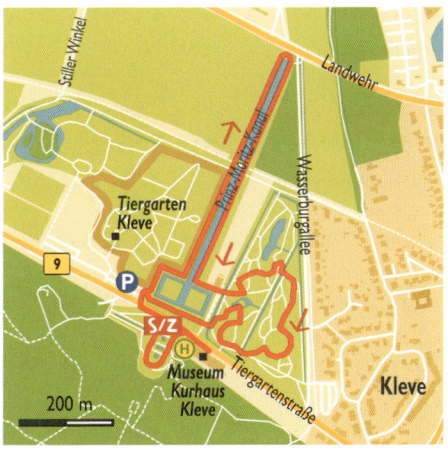

tenanlage. Auch hier wurde gestaltet, doch nichts ist geradlinig. Zwischen Wegen und Gewässern erheben sich Baumriesen und auch -zwerge, darunter ducken sich seltene Gehölze, die auf Infotafeln näher beschrieben sind.

Der Forstgarten entlässt den Besucher direkt vor dem Kurhaus. Wer noch etwas Zeit mitbringt, sollte unbedingt die Sammlung Ewald Mataré oder eine der wechselnden Ausstellungen besuchen. Und vielleicht auf Kaffee und Kuchen hinauf ins Moritz, um noch einmal den Blick über die Gärten und die Rheinebene schweifen zu lassen.

Tipp: Lust auf ungezähmte Natur? Schnell die Wanderschuhe schnüren und in das Auf und Ab des Klever Reichswalds eintauchen. Gleich hinterm Amphitheater kann man sich ins Gebüsch schlagen.

FAZIT: EIN VERGNÜGLICHER UND FAST SCHON MEDITATIVER SPAZIERGANG AUF HISTORISCHEN PFADEN.

3. KAPITEL
MINIURLAUB

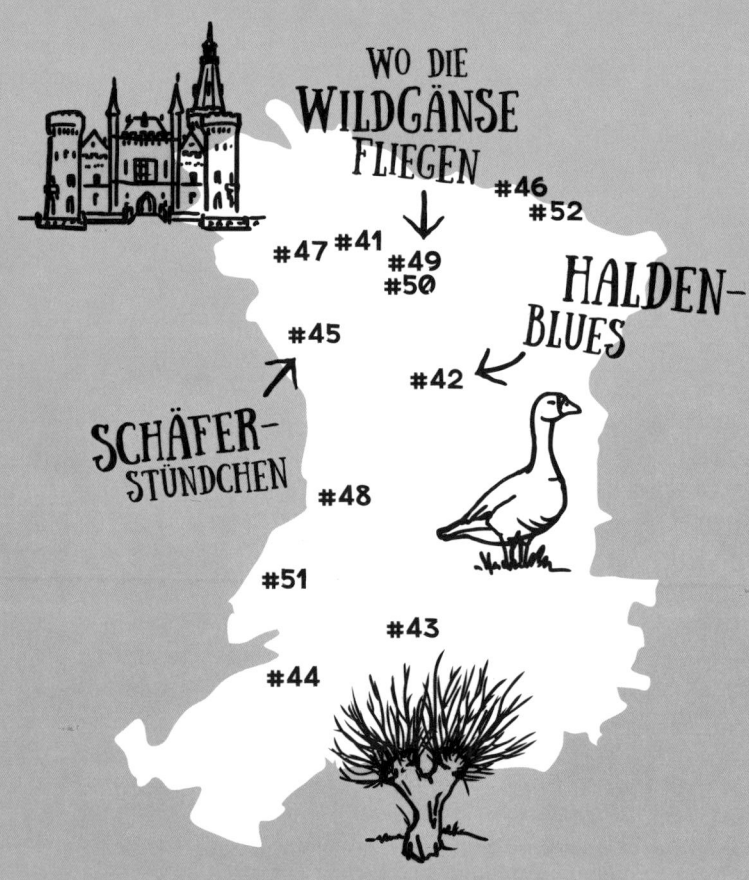

WO DIE
WILDGÄNSE
FLIEGEN

#46
#52

#47 #41
#49
#50

HALDEN-
BLUES

#45

#42

SCHÄFER-
STÜNDCHEN

#48

#51

#43

#44

Ferien für ein Wochenende

Mit Lamas wandern, zwischen Kohlköpfen radeln, sich von sachten Wellen in den Schlaf wiegen lassen – an einem Wochenende geht ganz viel!

36 H

ALLES IM FLUSS

... von Xanten gen Osten

#41

Mit ihren Kurven hat sie schon die Römer verführt. Wer heute dem Lauf der Lippe folgt, findet bestes Radelvergnügen. Bei Abstechern in die Auenlandschaft, zu alten Schleusen und Wasserwerken bleibt alles im Fluss. Solange die Puste reicht!

Auch an Rhein und Lippe sind sie gekommen, die Römer, auf ihrer Expedition gen Norden. Dabei haben sie zahlreiche Spuren hinterlassen. Und manche Annehmlichkeiten wie Aquädukte für die Frischwasserversorgung, Abwasserleitungen und Bäder. Doch wer

hätte gedacht, dass sogar Walnüsse, Birnen oder die am Niederrhein so weit verbreiteten Äpfel römische Hinterlassenschaften sind?

Ein toller Startpunkt für diese Eskapade ist darum der Archäologische Park in Xanten, wo

Augen auf am Lippeufer: Selbst dort, wo alles im Fluss ist, bleibt die Zeit manchmal stehen. Das alte Fahrrad aus der Generation der Großeltern hätte sicherlich spannende Geschichten zu erzählen.

das kolossale Amphitheater, der Hafentempel mit seinen himmelhohen Säulen und andere Bauten vom Alltag der Römer erzählen.

Von dort geht es erst einmal ans Wasser. Xanten wird vom Rhein geküsst, zwischen dessen Windungen alte Flussarme von seinem früheren Verlauf erzählen. Einer hat die Bislicher Insel (Eskapade #49) in ein Paradies für Wasservögel verwandelt. Mit einer kleinen Fähre kann man dort übersetzen. Doch die Route bietet weitere, noch originellere Flussquerungen, etwa die unbemannte Gierseilfähre Quertreiber bei Wesel, wo die Lippe mit dem Rhein anbändelt. Der Name allein bringt gute Laune! Bevor es auf die Fähre geht, lohnt ein Besuch des dampfbetriebenen Alten Wasserwerks.

Jetzt steuert man Schloss Gartrop mit seiner schönen Wassermühle aus dem 15. Jahrhundert an – müde Radler können hier zur Nacht einkehren. Nur ein paar Kilometer weiter bietet das Kneipptretbecken in Schermbeck eine echte Wohltat zur Entspannung der Waden. Von dort führt die Route nach Datteln. Vier Kanäle treffen hier zusammen, gesäumt von alten Leinpfaden, über die einst Mensch und Tier Frachtschiffe flussaufwärts zogen.

Ungemein lohnenswert ist ein Abstecher an den Dortmund-Ems-Kanal zum Schiffshebewerk Henrichenburg, das 1899 von Kaiser Wilhelm II. höchstpersönlich eingeweiht wurde. Zwar liegt der beeindruckende »Aufzug« an der Wasserstraße seit rund 40 Jahren still, aber seine Geschichte und die der Menschen am Fluss werden in dem kleinen Museum lebendig.

In Olfen keinesfalls die reizvollen Steverauen verpassen! Dazu am besten auf die steinerne Dreibogenbrücke Alte Fahrt klettern und von dort hinab auf den Fluss, seine Auen und mit etwas Glück auf halbwild weidende Heckrinder und Konik-Pferde schauen.

Man könnte ewig weiterradeln – bis zum Hermannsdenkmal nach Detmold! Wenn aber die Waden zwicken, einfach in Selm umkehren und die nächste Etappe für ganz bald aufheben.

> **FAZIT: UNTER BLAUEM HIMMEL MIT DEM FLUSS ALS WEGWEISER SCHLEIFEN RADELN. FÜR GANZ VIEL FREIHEITSGEFÜHL!**

Hin & weg: Mit dem Niederrheinrad ab Xanten (www.xanten.de/de/tix/radverleih). Zurück per Bahn ab Bahnhof Selm.

Dauer & Strecke: Wer den Schlenker zum Schiffshebewerk Henrichenburg einplant, braucht 3 Tage für den Streckenabschnitt, 102 km. Die komplette Römer-Lippe-Route endet nach 297 km in Detmold.

Beste Zeit: Frühjahr bis Herbst. In den Wintermonaten kein Fährbetrieb!

Ausrüstung: Sportliche Kleidung, Regencape, Route als GPS-Datei (www.roemerlipperoute.de).

Wenn es Nacht wird: Empfehlungen für fahrradfreundliche Unterkünfte auf www.roemerlipperoute. de/uebernachten-einkehren.html

HALDEN BLUES

⋛ ... radelnd um den Pattberg ⋚

#42

Vom Klostergarten auf den Haldengipfel zwischen gestern und heute pendeln, Kultur und Natur miteinander verbinden und schön was für die Waden tun: Auf der Baumkreisroute, die auf 42 Kilometern um die Halde Pattberg führt, geht das ganz leicht.

#Klostergarten #Industriekultur #Haldenromantik #strammeWaden

Baumkreisroute heißt die Tour rund um den Pattberg. In welche Richtung man radelt, ist eigentlich gleich und ein Kompass zwar nützlich, aber nicht nötig, denn an den Startpunkt kommen Radler von ganz allein zurück.

TEMPORALSTUNDEN oder ANTIKE STUNDEN IM KLOSTER KAMP

→ MINIURLAUB …

Ganz rund ist er nicht, der Baumkreis, vielmehr ist er ein um die Halde der ehemaligen Zeche Pattberg mäandernder grüner Gürtel, der die Stadtgebiete Kamp-Lintfort, Neukirchen-Vluyn, Moers und Rheinberg miteinander verbindet. Aber keine Sorge: Die Städte werden eigentlich nur gestreift!

Los geht es im Gestern, im Kloster Kamp, dem 1123 gegründeten Zisterzienserkloster mit seinem berühmten Terrassengarten, Formschnittgehölz und Springbrunnen. Im Sommer blüht es dort üppig, sehenswert ist die Anlage jedoch zu jeder Jahreszeit, wird sie doch auch das »Sanssouci am Niederrhein« genannt. Wer mag, kann im kleinen Café frühstücken, wer schon ausreichend gestärkt ist, schlägt den Weg nach Rheinberg ein. Erst mal

gen Osten in Richtung Wald, querfeldein über Niersenbruch und dann schnurstracks in die historische Altstadt von Rheinberg. Hier grüßen pastellfarbene Häuser mit schmucken Giebeln, man flaniert über hübsches Kopfsteinpflaster durch schmale Straßen und trifft gleich hinter dem Marktplatz auf eine Plakette, die dem Besucher berichtet, dass hier im Jahr 1846 ein weltberühmter Kräuterbitter erfunden wurde!

Etwas mehr geht noch an diesem ersten Tag. Vorbei am denkmalgeschützten, nach dem Erfinder des Kräuterschnapses benannten Underberg-Freibad führt der Weg weiter Richtung Budberger Seenplatte und Lohheider See und steuert schon auf Moers zu. Einmal absatteln, um die Halde Rheinpreußen zu

Im malerischen Rheinberg wurde 1846 ein weltberühmter Kräuterbitter erfunden, der auch heute noch manchen Magen aufräumt. Ein Aufstieg zum »Geleucht« hat eigentlich die gleiche Wirkung.

erklimmen. Auf dem Gipfel thront das »Geleucht«, eine überdimensionale Grubenlampe, die nachts ihr Licht in die Ebene strahlt.

Vorm Zubettgehen noch schnell dem Kaffeeröster bei Oranien-Nassau in der Rheinberger Straße über die Schulter schauen, eine Kleinigkeit essen und schon ist der erste Tag rum.

Gut ausgeruht geht es dann am nächsten Morgen weiter durch die Kendel- und Donkenlandschaft, Überbleibsel des verwilderten Ur-Rheins. Ziel ist die Halde Norddeutschland. Dort angekommen heißt es wieder Rad abstellen und die Füße bemühen: Über die »Himmelstreppe« führen 359 Stufen nach oben, nicht wirklich in den Himmel, obwohl das Gefühl auf dem 102 Meter hohen Haldenkopf

schon sehr erhaben ist. An den Wochenenden starten von hier sogar Gleitschirmflieger, um schwalbengleich in die Tiefe zu segeln.

Aussichtspunkt, Skulptur und Eventlocation auf der Halde Norddeutschland: Das »Hallenhaus« ist einer typisch nordischen Thingstätte nachempfunden. Nachts ist es eindrucksvoll beleuchtet.

Um den künstlichen Berg schlängeln sich verschiedene Spazierwege. Einer davon führt zur Landmarke »Hallenhaus«, einem Stahlgerüst in der charakteristischen Form einer nordeuropäischen Kult- und Versammlungsstätte. Auch heute wird der Ort für Festivals aller Art genutzt, ist aber auch ohne viel Rummel sehr eindrucksvoll.

Nun geht es auf die Zielgerade zurück zum Kloster Kamp – nach zwei erlebnisreichen Tagen in den Halden, die im Café bei einer Vesper wunderbar ausklingen.

Tipp: Im Sommer erfrischt ein Abstecher ins Underberg-Freibad. Das »Hallenhaus« ist eindrucksvoll beleuchtet, wenn es dunkel wird. Dort lohnt auch ein nächtlicher Besuch!

FAZIT: MAN MUSS KEIN RADPROFI SEIN, UM DIE STRECKE ZU MEISTERN. DIE ABWECHSLUNGSREICHE TOUR WIRD EINFACH AUF ZWEI TAGE VERTEILT. PERFEKT!

Hin & weg: Parkplatz Kloster Kamp.

Dauer & Strecke: 2 Tage, etwa 42 km.

Beste Zeit: Frühjahr bis Herbst. Infos zum Kloster unter www.kloster-kamp.eu

Ausrüstung: Sonnen- und / oder Regenschutz, Satteltaschen fürs Gepäck.

Wenn es Nacht wird: Entspannen im Hotel zur Linde (www.hotel-zur-linde.de, mit Grafschafter Restaurant) oder in einem der beiden gut ausgestatteten Apartments am Kastell (www.kastell3.com).

181

NIX WIE NIERS

⋛ ... radelnd am Fluss ⋚

#43

Mit dem Drahtesel den Niederrhein abstrampeln, das geht auf 117 Kilometern entlang der Niers. Von Mönchengladbach bis zur Mündung in die Maas. Ob an zwei oder vier Tagen oder immer einmal wieder ein Streckenabschnitt, das ist ganz gleich.

Beim Radeln entlang der Niers hat man den Fluss fast immer im Blick. Kleine Abzweige führen in verwunschene Parks, zu alten Wassermühlen oder einfach in die nächste Aue voller Wasservögel und surrender Libellen.

Ein wenig Übung im Sattel darf man schon haben. Aber keine Angst: Allzu viel verlangt die Strecke dem Radwanderer nicht ab. Vielmehr

---

Hin & weg: Mit einem der grasgrünen Mietfahrräder des Niederrhein Tourismus (niederrhein-tourismus.de /freizeit/aktiv/fahrradverleih) ab Kuckumer Straße, Ecke Hochstraße in Mönchengladbach-Wanlo. Abholung/Rückgabe der Räder an einer der 40 Mietstationen entlang der Route.

Dauer & Strecke: 2 Tage oder mehr, 117,4 km.

Beste Zeit: Frühjahr bis Herbst.

Ausrüstung: Sportliche Kleidung, Regencape und die Siebensachen für die Nacht.

Wenn es Nacht wird: Zum Beispiel in Rheinberg im charmanten Budberger Bahnhof einkehren (www. budberger-bahnhof.de). Übernachtungstipps speziell für Radfahrer entlang der Route: www.bettundbike. de/naturraum/niederrhein

---

Schloss Hertefeld ist eines von zahlreichen herrschaftlichen Anwesen entlang der Niers, die zu einem Stopp einladen. Hier kann man stilvoll übernachten.

lockt sie mit den herrlichsten Aussichten, die man durchweg genießen kann, radelt es sich hier doch fast von allein. Gerade mal zwei Meter geht es insgesamt bergan. Bergab hingegen sind es vom Niersursprung bis zur Mündung 65 beschwingte Höhenmeter. Da bleibt alles schön im Fluss.

Startpunkt ist Wanlo. Irgendwo dort treffen sich ein paar schmale Wasserläufe und werden zur Niers, deren ursprüngliche Quellen versiegt sind. Geschuldet ist das dem Braunkohletagebau. Doch ein Fluss wäre kein Fluss, würde er sich nicht doch irgendwann zeigen.

Ganz schnell schon schwenkt man vom Asphalt ins Grüne. Ein malerisches Wechselspiel zwischen Wald und Wiesen, zwischen Weite und Schatten spendenden Baumkronen. Immer wieder kommt die Niers in Sicht, die ruhig und selbstbewusst an Volumen gewinnt. Besonders schön sind die renaturierten Abschnitte, an denen der Fluss so sein darf, wie er mag. In diesen sumpfigen Auen leben seltene Tierarten: Reiher lugen majestätisch aus dem hohen Gras und mit etwas Glück entdeckt man ein Storchenpaar. Nah am Wasser surren schillernde Libellen durch die Luft. Andere Streckenabschnitte der Niers verlaufen schnurgerade und sind von schlanken Pappeln gesäumt. Auch das hat seinen Reiz!

Kein Weg ohne Abweichung! – an der Niers liegt eine ganze Reihe von Herrenhäusern und Mühlen, die den einen oder anderen Abstecher unbedingt wert sind. Gleich zu Beginn passiert der Radweg Schloss Wickrath mit seinem schönen Garten (www.wickrather-schloss.de). Manche Anwesen sind noch voller Leben wie das in Neersen (Eskapade #4) oder Haag (Eskapade #39), andere wie Haus Caen scheinen in einen Dornröschenschlaf gefallen.

Im Wallfahrtsort Kevelaer kreuzt tatsächlich der Jakobsweg die Strecke und dann ist schon bald die Landsgrenze erreicht. Noch weiter? Ja, so viel Ehrgeiz muss sein. In schönen Schleifen mäandert die Niers nach Gennep, wo sie ganz unaufgeregt, wie es eben so ihre Art ist, in die Maas mündet.

FAZIT: GROSSE FREIHEIT AUF DEM RAD! WER EINMAL DEN RHYTHMUS IN DEN BEINEN HAT, MAG GAR NICHT MEHR ABSITZEN.

KOMM KUSCHELN!

... mit Lamas durch den Birgeler Urwald

#44

Es ist Liebe auf den ersten Blick. Da möchte man gleich kuscheln! Dabei gehen Lamas lieber eine Armlänge auf Distanz. Sensibel sind sie, wachsam, passen sich dem Rhythmus ihrer Begleiter an. Wandern mit ihnen ist ein ganz eigenes Erlebnis.

#MenschundTier #Wildschweine #BirgelerUrwald #Entschleunigung

Lamas sind gutmütig, achtsam und sehr neugierig. Die genügsamen Tiere fühlen sich in ihrer Rolle als Wanderbegleiter besonders wohl, wenn man eine Armlänge Distanz hält.

Lamas sind Herdentiere. Zu fünft fühlen sie sich ziemlich wohl. Das merkt man gleich, wenn man in Wegberg zu Sabine Höfer auf die Weide kommt – am Rand des Birgeler Urwalds, wo nachts schon mal die Wildschweine durch den Zaun brechen. Während die Wanderlustigen neugierig den Hals recken, tut sich im Paddock erst einmal nichts. Lamas lassen sich nicht drängen. Ruhig und ausgeglichen sind sie. Nur wenn es ums Futter geht, verstehen sie keinen Spaß und können sich schon mal aufgeregt anspucken. Natürlich nur unter Artgenossen.

Gomez ist schließlich der Erste, der sich blicken lässt. Wollig weiß, Puscheln an den Ohren. Er ist der Chef, beäugt die Neuankömmlinge aus großen, dunklen Augen. Sofort macht es Klick! Eine Hand will ihn streicheln.

Aber das mögen Lamas nicht. Stattdessen lassen sie sich nach dem Halftern gern bürsten. Da kann man »seinem« Lama schon mal näherkommen.

Das ist Teil des Konzepts: sich kennenlernen, bevor es zusammen auf Wanderschaft geht. Das Minenspiel der Tiere verrät, wie unterschiedlich sie sind: Da ist der gutmütige Sascha, da der unbekümmerte Carlos. Toni gibt sich forsch, ist aber eigentlich ängstlich – auf seinem Kopf verteilen sich Strohhalme, weil die Tiere von unten nach oben fressen und die Köpfe tief in den Trog stecken. Und dann Pablo, der Einzige, der eine streichelnde Hand duldet. Gomez beginnt zu nölen. Es darf losgehen!

Zu zweit wird ein Lama geführt. Das Tier passt sich dem Rhythmus der Wanderer an, gibt

aber doch das Grundtempo vor. Denn wandern mit Lamas bedeutet auch, langsam zu wandern. Zuerst fällt das gar nicht so leicht. Auch das Lenken nach links und rechts, bei dem man den natürlichen Fluchtinstinkt der Tiere ausnutzt. Nach einer Weile ist die Ge-

sellschaft eingespielt und die scheue Ehrfurcht vor den mannshohen Tieren ist einer kameradschaftlichen Zuneigung gewichen.

Die Lamas sind achtsam, spitzen die Ohren, lauschen in den Wald hinein. Schon bald

Bevor es mit den Lamas auf Wanderschaft geht, heißt es striegeln, halftern und ein paar Leckerbissen verteilen. So haben Mensch und Tier Zeit, sich ganz entspannt miteinander vertraut zu machen.

lauscht man mit. Horcht auf das Rascheln im Unterholz – wie war das gleich mit den Wildscheinen? –, unterscheidet Vogelstimmen und weiß, in welchem Baum der Specht hämmert. Auch wenn der sich nicht zeigt. Der Weg ist verwunschen, die Bäume sind alt, bizarr gewachsen, der Blick verliert sich im Grün. Und die Zeit ist vergessen. Bis Gomez wieder zu nölen beginnt. Er ist der Chef. Er möchte heim.

Am zweiten Tag geht es erneut in den Birgeler Urwald. Diesmal ohne die vierbeinigen Begleiter und in flottem Schritt einmal komplett dem ausgewiesenen Wanderweg nach: durch ursprünglichen Misch- und Buchenwald, vorbei an mannshohen Farnen und abermals durch das Schaagbachtal. Auch schön. Doch die Fünferbande – die fehlt!

FAZIT: ZWEIKLANG AUS TIER UND MENSCH. SICH AUFEINANDER EINLASSEN IST GANZ LEICHT. UND MACHT SO GLÜCKLICH.

Hin & weg: Mit dem Pkw zu beiden Startpunkten in Wegberg: Lamawanderung ab Unter den Buchen 9; Birgeler Urwald ab Haus Wildenrath, Naturparkweg 2.

Dauer & Strecke: Lamatour durchs Schaagbachtal 3,5–4 Std., 7 km; zu Fuß durch den Birgeler Urwald 6 Std., 15 km.

Beste Zeit: Ganzjährig. Im Sommer Mückenschutz nicht vergessen! Mehr unter www.lama-tours.de

Ausrüstung: Wanderschuhe, Rucksack, Brotzeit.

Wenn es Nacht wird: Der seit 1884 familiengeführte Gasthof Timmermanns bietet neben Zimmern auch kleine Apartments für einen längeren Aufenthalt an (www.gasthof-timmermans.de).

SCHÄFER STÜNDCHEN

‿ ... auf dem Rouenhof bei Kevelaer ‿

#45 *Beim Melken helfen und Ziegen mit Stroh versorgen, auf Du und Du mit den Hühnern und im Schäferwagen nächtigen. Das geht ganz wunderbar am Niederrhein. Zum Beispiel auf dem 500 Jahre alten Rouenhof bei Kevelaer.*

#Schnattergänse #Schäferwagen #BauernhofzumAnfassen #Sonnenaufgang

Auf einem Hof ersetzen Gänse den Wachhund. Sie sind erstaunlich schnell, unglaublich laut und scheinen überhaupt ziemlich angriffslustig.

Einen Klingelknopf braucht man am Rouenhof nicht. Denn ein Schoof aufgeregt schnatternder Gänse kündigt den Besucher gleich an. Oder vertreibt unwillkommene Eindringlinge. So ist es auf dem Land: Da weiß ein jeder gleich Bescheid!

Erst einmal ankommen und das Zuhause für die kommenden Tage ins Visier nehmen. Hinter dem Backhaus führt eine kleine Brücke über einen Kolk und weiter auf eine weite Wiese, wo ein Schäferwagen rot leuchtet. Genau genommen ist es ein umgebauter Erntewagen. Etwas breiter und darum auch groß genug für eine ganze Familie. Straßen-

schuhe gegen Gummistiefel tauschen und los geht's. Bei Anne und Bernd Verhoeven gibt es Landwirtschaft zum Anfassen. Mitmachen ist ausdrücklich erwünscht! Zugucken geht natürlich auch, aber wo bliebe da der Spaß? Und schließlich möchte man doch lernen, wie so ein Bauernhof eigentlich funktioniert.

Hölzerne Wegweiser auf dem Hofgelände zeigen die Richtung an, etwa zum Stall, wo an die 200 Ziegen ihre Köpfe ins Heu stecken. Einige recken neugierig den Hals und versuchen, an den bunt leuchtenden Gummistiefeln der Neuankömmlinge zu knabbern. Helfende Hände sind gerade sehr willkommen, um den Tie-

Wer es schafft, auf dem Rouenhof beim ersten Hahnenschrei aus den Federn zu hüpfen, kann beim Kühemelken oder Ziegenfüttern helfen. Die neugierigen Tiere fressen auch gern mal aus der Hand!

ren Nachschub vors Maul zu streuen. Oder sie mit einer Handvoll Halmen zu füttern – das ist besonders lustig. Unter all den Ziegen ist ein einziges Schaf: Viktoria, dick und wollig und sehr gelassen.

Gegenüber drehen die Kühe ihre Runden, das Melken ist schon lang vorbei, da wird also erst am nächsten Tag geholfen. Gerade haben die Schwarzbunten ihren Durst gelöscht und möchten nun auf die Weide. Dort stehen sie eigentlich das ganze Jahr – in der kalten Jahreszeit ein paar Stündchen – und fressen Gras. Und Klee, der auf dem Rouenhof eigens angebaut und im Winter als Kleeheu gefüttert wird. Warum der so gut ist und die Kühe zwar weniger, aber besonders gute Milch geben, und vieles mehr über den Kreislauf der biologischen Landwirtschaft erzählen Bernd Verhoeven und seine sieben Mitarbeiter so ganz nebenbei. Übrigens tra-

Landwirtschaft zum Anfassen gibt es auf dem Rouenhof. Und die Besucher sind mittendrin – wenn sie mögen! In einem Rhythmus, der sich den Tieren, der Tages- und der Jahreszeit anpasst.

gen alle Kühe Hörner und sind ziemlich gut gelaunt. Noch schnell zu den Hühnern rüber und nachsehen, ob es Eier zum Einsammeln gibt. Vielleicht fürs Abendessen. Dazu ein Stück Käse aus hofeigener Herstellung.

Der Tag vergeht wie im Flug. Nach getaner Arbeit können die Kleinsten auf den gutmütigsten Kühen von der Weide zurück in den Stall reiten. Ja, tatsächlich! Oder sich mit der wachsamen Border-Collie-Hündin Flora im Ballwerfen üben. Geitengolf? Die etwas lässigere Art des Golfspiels darf bis zum nächsten Tag warten. Denn im milden Licht der Abendsonne ist es Zeit, auf der Veranda am Schäferwagen den Tag ausklingen zu lassen. Mit Blick ins Grüne und in den aufsteigenden Nebel. Am Morgen geht dort hinten die Sonne auf!

FAZIT: WER MIT ANPACKT, HAT AM ENDE DES TAGES ORDENTLICH HUNGER. UND GEHT MIT DEN HÜHNERN SCHLAFEN.

Hin & weg: Mit dem Auto bis Sonsbecker Straße 40, Kevelaer-Kervendonk.

Dauer & Strecke: 3–4 Tage dürfen es schon sein für das echte Bauernhoffeeling!

Beste Zeit: Frühjahr bis Herbst.

Ausrüstung: Gummistiefel und gute Laune!

Wenn es Nacht wird: Im urigen Schäferwagen auf der Wiese schlafen. Zum Hof gehören auch ein altes Backhaus, das Herrenhaus und eine ehemalige Pastorei, die man als Ferienwohnungen mieten kann. Im Sommer ist Schlafen auf dem Heuboden klasse! Mehr unter www.rouenhof.jimdo.com

→ *MINIURLAUB* ...

AUF ZEITREISE

... in der Dingdener Heide

Was ist denn ein Hudewald? Und überhaupt, wo bitteschön ist hier die Heide? In der Kleinen Dingdener Heide kann man sich die Antworten erwandern und auf sechs Kilometern durch sieben Jahrhunderte reisen. Und abends in der Hütte am See Gedanken fliegen lassen!

Im Wald übernachten. Das klingt verlockend! Das Zweitbeste ist ganz sicher, am Waldesrand seine Zelte aufzuschlagen. Und wenn schon kein Zelt, so doch wenigstens eine bunt gestrichene Hütte beziehen, um dann bei Sonnenaufgang oder vielleicht auch erst etwas später die Schuhe zu schnüren und loszulaufen. Vom Campingplatz am Bußter Weg, dort, wo sich die Hütte an einen kleinen Badesee schmiegt, bis zum Heiderundweg sind es nur wenige Hundert Meter. Es ist schon einiges los: einzelne Spaziergänger, die ihre Hunde ausführen – mit ihnen kommt man immer gleich ins Gespräch –, ein Jogger, Radfahrer mit prallen Satteltaschen. Jeder in seinem Tempo, alle mittendrin in der Natur.

An der Kreuzung Krechtinger Straße linksherum oder lieber rechts? Vielleicht doch geradeaus und sofort in den lichten Wald eintauchen, durch dessen Dach sich die Sonne ihren Weg bahnt und alles so schön leuchten lässt? Ganz egal, denn die Schilder Heide-Rundweg weisen unmissverständlich die Richtung. Jede führt ans Ziel, doch zuerst geht's nach rechts.

»Zeitfenster« steht auf den großen Infotafeln entlang des Pfades (www.dingdener-heide.com/zeitreise). Das erste entführt in die Zeit zwischen 1300 und 1500, als in den Laubwäldern noch Rinder, Ziegen und Schweine weideten. In der Ferne trotten ein paar Kühe vom sonnigen Grün der Wiese in den Schatten unter den Bäumen. Es sind robuste Hinterwälder, die das Zeitfenster mit Leben füllen.

Ein Stückchen weiter öffnet sich rechts etwas versteckt das Zeitfenster »Grünland«. Schnell die Aussichtskanzeln erklimmen und gleich einen Storch im Blick haben. Er steht knietief

Es ist nur ein Sprung vom Badesee in den Wald und hinaus auf Weiden, wo Hudebäume Schatten spenden. In der Dingdener Heide wechselt die Landschaft im Minutentakt.

im Tümpel. Hier tummeln sich Wiesen- und Wasservögel. Auch eine Herde schwarzer Rinder mit gewaltigen Hörnern. Das »Grünland« markiert die Zeit zwischen 1920 und 1960, als die letzten Heidereste den Weidenflächen für Milchvieh weichen mussten. Wir sind beinahe im Heute.

Doch schon kurz darauf katapultiert die Landschaft den Besucher wieder um Jahrhunderte zurück: in eine Heide, die die Dichterin Annette von Droste-Hülshoff 1842 als ziemlich trostlos beschrieb. Wer aber genau hinsieht, erkennt ihren ganz eigenen Zauber! Und für alle, die im August herkommen, legt sie sich sogar mächtig ins Zeug: mit lila blühendem Heidekraut. Seit den 1990ern halten weidende Schafe und Ziegen die Heide hübsch in Form. Die Vierbeiner lassen sich gerade nicht blicken. Doch was soll's, morgen vielleicht!

Unter mächtigen Bäumen geht es zurück zur Hütte am See. Auf dem Steg ist es noch sonnig und warm. Perfekt, um die müden Beine im Wasser baumeln zu lassen. Ach was, am besten gleich ganz hineinspringen!

Tipp: Die Tour lässt sich ganz wunderbar mit einem Abstecher ans Schwarze Wasser (Eskapade #19) verbinden.

FAZIT: WANDERN, RAD FAHREN, SCHWIMMEN IM SEE UND NEBENBEI AUF ZEITREISE GEHEN. VIELFALT KOMPAKT UND GANZ ENTSPANNT.

Hin & weg: Parkplatz Erholungsgebiet Dingdener Heide, Bußter Weg 100.

Dauer & Strecke: Ein Wochenende, 6 km.

Beste Zeit: Von Frühjahr bis Herbst, im August duftende Heideblüte.

Ausrüstung: Feldstecher, Wanderschuhe und natürlich Badesachen.

Wenn es Nacht wird: Die Hütte über den Campingplatz Erholungsgebiet Dingdener Heide buchen (www.dingdener-heide.de). Im Sommer kann auch in Schwebezelten zwischen Bäumen übernachtet werden.

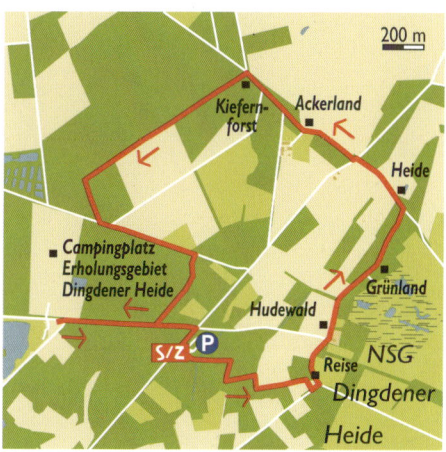

SCHIENEN
WEGE

≥ ... radelnd entlang der Boxteler Bahn ≤

Wer hätte das gedacht? Die Boxteler Bahn
als Verbindung zwischen London und
Sankt Petersburg. Dreh- und Angelpunkt
für Reisen gekrönter Häupter, Diplomaten
und Agenten. Wer kräftig in die Pedale
tritt, kann ihren Spuren folgen.

Wer radelnd den Spuren der Boxteler Bahn folgt, versteht bald, was das Bahnfahren auch heute noch so reizvoll macht: das Vorüberziehen ständig wechselnder Landschaften.

In Wesel geht es los. Am Bahnhof, wo am 1. Juli 1878 alles begann. Eine Bahnstrecke für Schnellzüge, die am flachen Niederrhein so richtig Fahrt aufnehmen sollten – bis zu 100 Stundenkilometer! Auf der Strecke zwischen Duisburg und Krefeld kam man da höchstens auf 36. Eigentlich ist der deutsche Teil eine spätere Verlängerung der Bahnstrecke, die im niederländischen Boxtel beginnt. Zwischen Start- und Endpunkt der Radroute liegen sportliche 155 Kilometer. Wer es kürzer mag, wählt einen beliebigen Streckenabschnitt.

Früh zu starten ist bei dieser Eskapade genau richtig, schließlich gibt es kaum Schöneres, als in den erwachenden Tag hineinzufahren.

Beim Überqueren der imposanten Weseler Rheinbrücke, die sich schon bald im Gegenlicht abzeichnet, schieben sich etwas verschlafen Frachtschiffe ins Blickfeld. Von dort geht es auf den Deich und zum ersten Highlight der Strecke: Einst war die historische Eisenbahnbrücke ganze 1950 Meter lang. Gebaut wurde sie 1874 aus lokal gebrannten Ziegelsteinen mit weiten Bögen, von denen einige noch erhalten sind.

Ein Weilchen begleitet der Radweg den Rhein in lockeren Schleifen, vorbei an Büderich – hier vielleicht am alten Bahnhof Halt machen –, bevor er landeinwärts Richtung Xanten abbiegt. Menzelen erinnert ans Jahrhundert-

Vom erhabenen Fluss hinaus in die weite Landschaft mit ihre saftigen Wiesen und fruchtbaren Äckern, auf denen am Niederrhein Kartoffeln, Spargel und ganz besonders Kohl gut gedeihen.

hochwasser von 1926, als der Bahnhof einen ganzen Meter in den Fluten versank. Auf welch engem Raum die Bahnwärter mitsamt ihren Familien lebten, erfährt man bei einer Pause in Xanten-Ursel: Mit fünf mal sieben Metern mussten sie im Bahnwärterhäuschen auskommen, von denen es noch einige weite-re an der Strecke gibt. Ab hier wird es etwas hügelig, rechter Hand erstreckt sich der Uedemer Hochwald. Und ringsum – Kohl! Ausgedehnte Rot- und Weißkohlfelder. Kappes, wie er am Niederrhein heißt, wird in den bürgerlichen Gaststätten der Region gern als Sauerkraut serviert – unbedingt probieren!

Bei Hommersum kurz hinter Goch ist die Landesgrenze erreicht. Nimmermüde radeln vielleicht weiter zum Streckenende bis nach Boxtel. Hier in Holland heißt die Route übrigens »Duits Lijntje«. Auf dem Weg dorthin mündet bei Gennep die Niers in die Maas (Eskapade #43) und der »Blaue Brabant«, eine alte Dampflok, gibt einen Eindruck davon, welche Art von Zugmaschinen die Passagiere bis ins ferne Sankt Petersburg schleppten.

Und die gekrönten Häupter? Wilhelm II., die Könige von England und Schweden, sogar der letzte Zar, Nikolaus II., brausten auf ihren Reisen von London nach Berlin, Stockholm und Sankt Petersburg mit erheblicher Zeitersparnis über die Boxteler Bahnstrecke. Sie mussten dafür nicht einmal umsteigen: Ihre mitunter zahlreichen Waggons wurden mitsamt Entourage einfach umgekuppelt.

FAZIT: DIE ABWECHSLUNGSREICHE LANDSCHAFT BIETET VIEL FÜR AUGEN, GAUMEN – UND DIE WADEN!

Hin & weg: Mit einem Mietfahrrad des Niederrhein Tourismus (www.niederrheinrad.de) ab Weseler Bahnhof. Abholung / Rückgabe der Räder an einer der 40 Mietstationen.

Dauer & Strecke: 3 Tage oder mehr. Komplette Strecke bis Boxtel: 155 km, bis Goch: 56 km, bis zur Landesgrenze nach Hommersum: 69 km.

Beste Zeit: Frühjahr bis Herbst.

Ausrüstung: Sportliche Kleidung, Regencape und die Fahrrad- und Erlebniskarte mit Infos zur Tour (gratis bei beteiligten Gemeinden).

Wenn es Nacht wird: Übernachtungstipps speziell für Radfahrer entlang der Route: www.bettundbike. de/naturraum/niederrhein

GROßES GLÜCK AM KLEINEN WASSER

 ... die Krickebecker Seen

#48

Wie ein Kleeblatt breiten sie sich aus, die vier Seen bei Nettetal: Schrolik und Poelvenn See, Hinsbecker und Glabbacher Bruch. Ein Paradies für Wasservögel. Und für Wanderer. Hier stellt sich großes Glücksgefühl ein. So ganz von allein.

#Kleeblatt #Vogelparadies #Wasserblicke #LostPlace

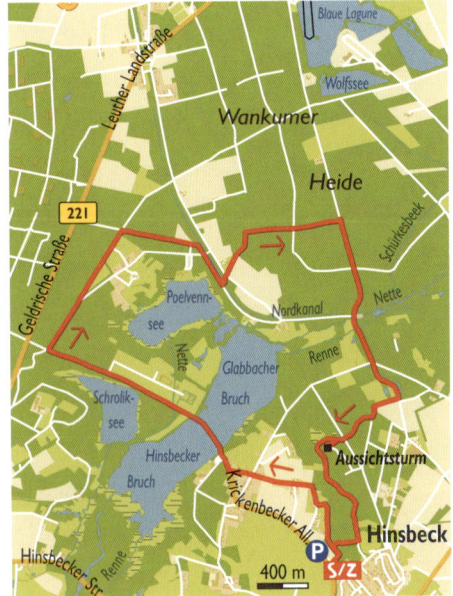

Bis ans Seeufer fahren, ja, das geht auch. Viel schöner ist es aber, am Wanderparkplatz in Hinsbeck zu starten – dort, wo ein eisernes Pferd den lokalen Kunstweg markiert – und mit einem lockeren Spaziergang zwischen Wiesen, Äckern und Wäldern zu beginnen. Schuhe festgeschnürt und los!

Mit Feldern zur Linken und den Hinsbecker Höhen zur Rechten geht es über den Hombergen in einem weiten Bogen auf die Seenlandschaft zu. Immer links halten, bis der Weg die Höhen verlässt und ein paar Häuser in Sicht kommen. Danach rechts und einfach den Kurven folgen, die den Wanderer schließlich auf die Krickebecker Allee entlassen. Dort erahnt man schon das Wasser, hört das aufgeregte Schnattern von Enten, das Fiepen von Rallen und Rohrsängern.

Wasser zieht alle Blicke auf sich: wenn es sich als weiter See ausbreitet, hinter herabhängenden Zweigen in der Sonne glitzert oder von kleinen Stegen überspannt wird. Das wirkt ungemein beruhigend und ist der perfekte Ort für eine kleine Auszeit vom Alltag.

Der Weg, der hier schon Schlossallee heißt, führt über einen Damm zwischen Hinsbecker und Glabbacher Bruch, beide kommen sich ganz nah, als wollten sie sich umarmen. Bevor man sich mitreißen lässt und in die Wasserwelt eintaucht, erst einmal innehalten. Breite Stufen führen hinunter ans Ufer des Hinsbecker Bruchs. Hier sitzt man ganz wunderbar, kann vespern, vor allem aber die erstaunliche Weite des Sees erfassen. Und die Vögel beobachten, die ihre Kreise ziehen, zum Fischen untertauchen und ihr Gefieder aufplustern. Für diesen kurzen Moment hat sich das Herkommen schon gelohnt.

Von der Schlossallee aus lassen sich die Ufer der beiden westlichen Seen entdecken. Öffnungen zwischen den Bäumen, kleine Stege, von denen jedoch nicht alle solide erscheinen, und schmale Sandbänke bieten immer neue Ausblicke. Eine in den Boden eingelassen Platte – einer von zahlreichen »Wasserblicken« im Naturpark Schwalm-Nette (www.npsn.de/wb) – fordert den Wanderer auf: »Lass dir was erzählen!« Nummer wählen, lauschen und erfahren, wie die Seen durch Abtorfung von Niedermooren entstanden sind, welche Tiere an und in ihnen leben und wie es um die Fauna bestellt ist.

Entlang des Bruchwalds ist bald das Schloss erreicht, das der Allee ihren Namen gegeben hat, sich aber im Grün versteckt hält. Rechts um den Poelvenn See herum geht es schließlich zurück zu den Hinsbecker Höhen. Dort steigt man behände auf den 28 Meter hohen Aussichtsturm Taubenberg, lässt sich noch einmal von der Seenlandschaft verzaubern und wandert dann das letzte Stück zum Ausgangspunkt.

Übernachten in den Holzlodges der Blauen Lagune am Wankumer Heidesee, der im Sommer wunderbar erfrischt. Und am nächsten Tag? Vom Strand der Blauen Lagune nur ein paar Kilometer weiter schlängelt sich ein netter Weg zur Wankumer Heide und an den Wolfssee, der gar nicht so furchteinflößend ist, wie sein Name klingt. Wer Lust hat, macht einen kleinen Abstecher über die Grenze zum ehemaligen Fliegerhorst Venlo-Herongen (www.fliegerhorst-venlo.net) – einem Lost Place mit spannender Geschichte!

> **FAZIT: KLEINE WOCHENENDAUSZEIT MIT GROßEM GLÜCKSGEFÜHL BEIM WANDERN, VERWEILEN UND MIT VOGELBEOBACHTUNG AN DEN STILLEN SEEN.**

Hin & weg: Wanderparkplatz Hinsbeck, Krickebecker Allee, Ecke Schloßstraße.

Dauer & Strecke: 2 Tage, Wanderung um die Seen 11 km.

Beste Zeit: Frühjahr bis Herbst.

Ausrüstung: Feldstecher, Wanderschuhe, Proviant.

Wenn es Nacht wird: Übernachten in kleinen Ferienhäusern und Holzlodges am Wankumer Heidesee (www.blauelagune.de).

WO DIE WILDGÄNSE FLIEGEN

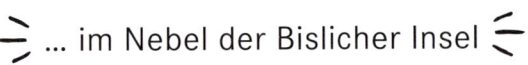 ... im Nebel der Bislicher Insel

#49

Wenn Nebel über Fluss und Wiesen steht und die Landschaft aussieht wie getuscht, ist die Zeit der Wildgänse. Auf der Bislicher Insel mischen sie sich unter Kormorane, Eisvögel und Seeadler und geben sich ganz unbeeindruckt vom heimischen Weidevieh.

#Naturspektakel #Wildgänse #Auenlandschaft #Herbstnebel

Kommt man ihnen zu nah, fliegen Wildgänse auf, nur um sich 20, 30 Meter weiter wieder auf dem Acker niederzulassen. Ein schönes Schauspiel bei ohrenbetäubendem Lärm.

Der Linienbus spuckt seine Gäste am Fährhaus aus. Wer mag, kann noch ein Stück weiterfahren, doch wo bliebe da der Spaß?! Schnell auf den Deich klettern und nach Schiffen Ausschau halten, die sich unter ihren Lasten schwerfällig über den Rhein schieben. Der Fluss ist kaum zu sehen, die Aussicht trotzdem grandios, denn wie in einer Waschküche steigen dichte Nebelschwaden auf und tanzen anmutig zwischen den Ufern. Die Stille ist eigentümlich. Dann verdichtet sich ein Schatten zu einem Schiffsbug, gefolgt vom Tuckern des Motors. Der Herbst hat was.

Über den Eyländer Weg geht es zu Fuß zur Bislicher Insel, die eigentlich gar keine Insel ist.

Vielmehr eine Auenlandschaft, durchzogen von Wasserflächen, die einst durch Kiesabbau entstanden sind, und Altgewässern wie dem Nebenarm des Rheins. Heute sind die Auen wieder sich selbst überlassen, werden bei Hochwasser regelmäßig überflutet und bieten Lebensraum für seltene Pflanzen, Wasservögel und sogar Biber.

Schon von Weitem ist das Schnattern zu hören. Die Wildgänse sind da! Nicht immer gern gesehene Gäste, fressen sie doch tagsüber das Saatgut von den Äckern, um sich mit ausreichend Energie zu versorgen. Im Braun der gepflügten Erdscholle sind sie zuerst schwer auszumachen. Dann zeigen sich Sprenkel

207

Im Herbst kommen die Äcker in Bewegung: Zwischen den Schollen tummeln sich Abertausende Wildgänse, die es aus dem Norden an den Niederrhein zieht. Mit dem Feldstecher nehmen Wanderer sie ins Visier.

von Weiß. Ihre Bewegung verrät die Gänse. Ein Spektakel, wenn sie sich schließlich in Schwärmen in die Luft erheben, nur um sich ein paar Meter weiter erneut niederzulassen. Das Weidevieh erträgt das Schauspiel mit stoischer Gelassenheit.

Entlang der Äcker, die weitläufig von Weiden, Ulmen und Eschen gesäumt sind, geht es immer geradeaus. Kurz vor dem Naturforum, das für Besucher jede Menge Informationen rund um das Schutzgebiet bereithält, zweigt ein schmaler Pfad rechts ab. Und schon ist man wieder mittendrin. In der Stille. Denn hier geben die scheuen Wasservögel den Ton an. Wer nicht selbst ein versierter Vogelkundler ist, trifft ganz bestimmt auf einen redseligen Experten in einer der drei Beobachtungshütten an den Kolken. Einfach innehalten, den Nebel

einatmen, darauf warten, dass der Eisvogel seine bunten Federn spreizt oder Kormorane anmutig nach Nahrung tauchen. Enten und Schwäne gleiten still dahin und zeichnen Kreise ins Wasser. Wer sich Zeit nimmt und einen Feldstecher dabeihat, entdeckt unzählige Details. Eigentlich unspektakulär. Und gerade deshalb so schön: feinste Nebeltröpfchen, die sich wie Perlen auf Spinnfäden reihen, weiße Schneebeeren, die an die Spiele der Kindheit erinnern, oder tote Baumstümpfe, die langsam von bizarren Pilzen erobert werden.

Nach wenigen Stunden hat sich eigentlich noch niemand satt gesehen. Warum also aus einem kurzen Ausflug nicht gleich ein verlängertes Wochenende machen? Denn inmitten der schönen Auenlandschaft steht ein Häuschen mit Blick aufs Wasser: die Fischerhütte. Entschleunigung pur!

Hin & weg: Mit dem Pkw bis zur Fischerhütte. Tagesausflügler nehmen den Bus SL40 bis Fährhaus oder Bislicher Insel.

Dauer & Strecke: Wie es einem gefällt mit Übernachtung oder etwa 4 Std. für einen Ausflug mit Vogelbeobachtung, 7 km.

Beste Zeit: Für Wildgänse von Oktober bis Februar.

Ausrüstung: Festes Schuhwerk, Fernglas.

Wenn es Nacht wird: Die Fischerhütte (Bislicher Insel 13) beherbergt eine nette Ferienwohnung. Buchbar über www.bedandbreakfast.eu

---

FAZIT: FÜR WETTERFESTE WANDERER, VOGELLIEBHABER UND ROMANTIKER.

AUSZEIT AUF DEM WASSER

>;= ... als Kapitän im Hausboot auf dem Xantener Nordsee =<

Wo sich der Rhein ums alte Xanten schlängelt, da liegt der Nordsee. »Der« und nicht »die«. An seinen Ufern ankern hübsche Hausboote. Entern, vom Bug der aufgehenden Sonne zusehen, mit nackten Füßen über die Planken laufen und abends den Wellen lauschen.

#Hausboot #See #Wasserglück #KajakundSUP

Am Xantener Nordsee lässt sich auch ohne Segelschein eine kleine Auszeit auf dem Wasser verbringen: auf dem rot gestrichenen Seehaus.

Der Nordsee liegt gleich neben dem Süd-see. Wie praktisch. Wasser satt, genug für eine ganze Woche. Und dann lockt noch das Umland zu ausgedehnten Radtouren in die Rheinauen. Denn gut möglich, dass man nach etwas Seegang auch einmal festen Boden unter den Füßen haben möchte. Angeheuert wird im Seehaus, das als roter Farbtupfer unter blauen Nachbarn am Steg schaukelt. Unter den Planken schwappt das Wasser, hier, am Kiesufer, ist es nicht tief. Am Heck geht es an Bord. Links eine glänzende Leiter, die aufs

Alles, was das Herz begehrt: eine Terrasse mit Blick auf den See, um den Sonnenaufgang zu beobachten, ein Sonnendeck, das Hausbootkapitäne im Sommer entern können, und ganz viel Ruhe.

Sonnendeck führt, rechts eine gemütliche Bank – vielleicht für einen spritzigen Sundowner am Abend? Aber erst einmal in die Kajüte, Kojen inspizieren und Seesack lagern! Natürlich sind die Kojen komfortable Schlafzimmer, klein, aber clever konzipiert. Und ziemlich schick. Alles maritim. Auch die Kombüse kann sich sehen lassen.

Hinter den großen Panoramascheiben glitzert der See und dort, auf der Bugterrasse, lockt auch schon ein Strandkorb. Platz nehmen, den Blick über den See schweifen lassen, tief einatmen und gleich feststellen, dass dies der perfekte Ort ist, um morgens der Sonne beim Wachwerden zuzuschauen.

Das Seehaus ist fest mit dem Steg vertäut, hinausschippern kann es also nicht. Muss es

auch nicht, denn dafür gibt es ein schnittiges Boot mit leisem Elektromotor. Oder doch lieber ins Kanu, Muskeln anspannen und selber paddeln? Die Kanus sind praktischerweise gleich an der linken Bordwand festgezurrt und rechts stecken zwei SUPs in Halterungen, bereit für eine Runde Spaß auf dem See mit toller Aussicht, so stehend auf dem Wasser. Wer SUPs noch nie ausprobiert hat, hat hier im Sommer viel Zeit zum Üben.

Im Herbst: mit Kissen unterm Po auf den Planken sitzen, die Beine über Bord baumeln lassen und ein Buch lesen. Oder einfach nur den Seglern zusehen, die ab und an das Blickfeld kreuzen. Dazu eine Tasse duftenden Kaffee. Im Wasser tummeln sich Schwärme von Fischen, einige springen hoch, um nach Insekten zu schnappen. Am Seeufer gegenüber

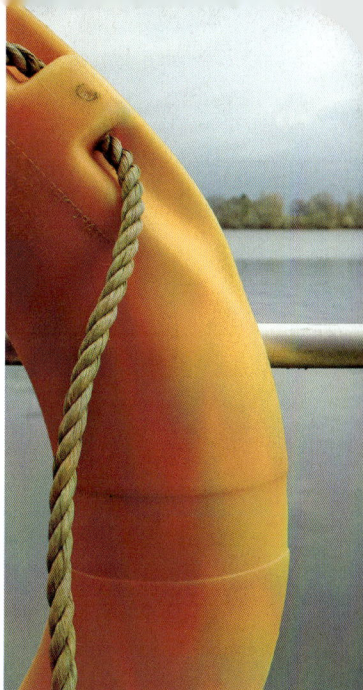

Kaffee für die Gemütlichkeit! Die Seele baumeln lassen oder die Füße an der Bootsterrasse ins erfrischende Wasser tauchen. Auf dem Hausboot geht alles und nichts ist ein Muss.

der Rheindeich, weiß betupft. Es sind Schafe, die die Vegetation kurzhalten. Beinahe wähnt man sich an der Küste. Das Wasser liegt ganz ruhig da, bei Westwind ist das immer so. Weht der Wind dagegen von Osten herüber, gibt es leichten Wellengang. Gerade genug, um sich davon in den Schlaf wiegen zu lassen.

Hin & weg: Mit Buslinie L42 bis Vynen/Kirche. Wer im Pkw und mit eigenen Rädern anreisen möchte, findet Park- und Unterstellmöglichkeiten direkt am Pier.

Dauer & Strecke: Verlängertes Wochenende oder gleich eine ganze Woche, Fußweg zum Seehaus 350 m.

Beste Zeit: Auch gemütlich in der kühleren Jahreszeit. Für Wassersportler ist der Sommer ein Muss.

Wenn es Nacht wird: Übernachten im Seehaus (www.seehaus-xanten.de).

FAZIT: DER PERFEKTE ORT FÜR EINE AUSZEIT AM UND AUF DEM WASSER.

UFERLOS

⊰ ... in und um Brüggen ⊱

Er schmiegt sich so schön zwischen Rhein und Maas, ignoriert dabei ganz selbstverständlich die Landesgrenze und ist überhaupt sehr eigenwillig: der Naturpark Schwalm-Nette. Natur in überbordender Vielfalt – ideal für Wochenendeskapaden!

Das kleine Brüggen liegt mittendrin im großen Naturpark Schwalm-Nette. Burg, Schloss, Mühlen und eine alte Dampflok – die Brüggener Klimp –, außerdem ein Kloster. Kirchen sowieso und dann gibt es da noch die »Brachter Hausgeschichten«: Beim gemütlichen Flanieren durch die engen Gassen sind sie an den Hausfassaden im historischen Ortskern Bracht nachzulesen. In Brüggen gibt es also viel zu sehen.

Vor allem ist die Stadt auch der ideale Ausgangspunkt für kleinere oder ausgedehnte Streifzüge durch die Umgebung. Wer ein paar Tage zum Wandern und Radeln bleibt, der kann sein Tagespensum ganz entspannt steigern. Eine Runde um den Hariksee ist der perfekte Auftakt! Mit einem der apfelgrünen Niederrheinräder ist die Mühlrather Mühle

an dem kleinen See im Nu erreicht. Von dort geht es dann zu Fuß weiter. Datiert auf 1447 ist die Mühle heute ein Restaurant, sie liegt am Auslauf des Gewässers und ist eine von einst 35 Mühlen entlang der Schwalm und ihrer Nebenflüsse. Von der kleinen Brücke hat man einen guten Blick auf die Mühlräder, die sich noch immer durch den Fluss drehen. Hier schlug einst das Herz des Niederrheinischen Flachslandes und Leinsamen wurde zu Öl geschlagen.

Kehrt man der Wassermühle den Rücken zu, liegt der Hariksee zur Rechten. Der Weg schmiegt sich ganz nah ans Wasser. Am gegenüberliegenden Ufer schaukeln bunte Ruderboote, vertäut an schmalen Stegen, die vorwitzig in den See hineinragen. Bald taucht der Weg in ein lichtes Wäldchen, macht ei-

Am Wasser stellen sich immer gleich Glücksgefühle ein. Ganz egal ob man verweilt und ins Bötchen steigt oder am Ufer entlangspaziert. In den Abendstunden taucht die Sonne die Landschaft in goldenes Licht.

nen Schlenker nach rechts und führt über einen Damm zur Marina, wo zwischen Frühjahr und Herbst Hochsaison für Tretboote, Kanus und andere Wassergefährte ist. Einen Kaffee auf der Terrasse vom Inselschlösschen trinken? Unbedingt! Einfach dasitzen und die Aussicht genießen.

Aber es kribbelt doch in den Beinen, da ist auf jeden Fall noch genügend Energie. Warum also nicht weiterradeln? Zur nächsten Mühle und zum nächsten Wasser: dem Borner See, dessen Ufer locker von Weiden gesäumt sind. Einige sind gespalten. So zerfurcht und mit ihren Kronen aus dürren Ruten erinnern sie an langfingrige Fabelwesen. Die Nachmittagssonne wirft Schatten und taucht den See in goldenes Licht. Es ist ganz still. Nur ein paar Pferde, die auf den Wiesen grasen, schnauben leise. Die Sonne sinkt tiefer, Silhouetten zeichnen sich schärfer ab. Jetzt darf man sich sputen, doch der See ist wirklich schnell umrundet und dann ist das Pensum tatsächlich auch voll.

Für den nächsten Tag steht der Elmpter Schwalmbruch auf dem Programm: noch mehr Wasser, noch mehr Strecke und ein Rendezvous mit Holland. Denn der Naturpark kennt ja keine Grenzen. Wie schön!

FAZIT: RADELN, WANDERN, WASSERLAND-SCHAFTEN UND SOGAR ÜBER DIE GRENZE PENDELN — EINE HERRLICH ABWECHS-LUNGSREICHE AUSZEIT!

Hin & weg: Mit dem Niederrheinrad, das man sich in Brüggen ausleihen kann (www.brueggen.de/ tourismus-kultur/fahrradverleih), ist man zwischen Unterkunft und den Seen flexibel unterwegs.

Dauer & Strecke: 2–3 Tage. 1 Std. (3,5 km) für die Runde um den Hariksee ab Mühlrather Mühle (eventuell plus Rudern oder Tretboot fahren), 1 knappes Stündchen (2,6 km) am Borner See ab Borner Mühle und sportliche 5 Std. (15,5 km) für die Wanderung im Schwalmbruch ab Wanderparkplatz Tackenbenden/Alte Zollstraße.

Beste Zeit: Frühjahr bis Herbst. Wanderungen um die Seen sind auch im Winter ganz große Klasse!

Ausrüstung: Sportliche Kleidung, wasserfeste Wanderschuhe und ein Fernglas.

Wenn es Nacht wird: Ahoi! Im Zum Schiffchen (www.hotel-zumschiffchen.de) oder von Frühjahr bis Herbst in einem der Wochenendhäuser am Hariksee mit Bötchen am Steg (www.hariksee.com).

AM DÄMMER-WALD

 ... kreativ im Appelbongert

#52

Kräuter oder Unkraut, pflücken oder Finger weg? Wer ein paar Tage im Appelbongert bei Schermbeck verbringt, kann seine Eskapaden in die Natur um spannendes Wissen anreichern: beim Kräutersammeln, Weidenwässern und Wollefilzen!

#Dämmerwald #KrautoderUnkraut #Skudden #alteApfelsorten

Eigentlich muss man nur vor die eigenen Füße schauen, um die Schätze der Natur zu heben. Im Appelbongert von Jutta Becker-Ufermann wird beim Geschichtenerzählen der Blick dafür geschärft.

Er liegt mitten auf der grünen Wiese, trotzdem ganz nah am Dämmerwald: der Appelbongert von Jutta Becker-Ufermann, eine Hofstätte, die es hier schon seit über 100 Jahren gibt. Am Niederrhein heißen die Streuobstwiesen »Bongert« und »Appel« – ja, das ist leicht – ist der Apfel. Folgt man der Schleife der von üppig wucherndem Grün eingerahmten Hofauffahrt bis hinter die Nebengebäude, sieht man sie schon, die Apfelbäume. Einige sind ganz frisch gepflanzt. Alte Sorten mit so klingenden Namen wie Rheinische Schafsnase oder

Winterglockenapfel. Auf der Weide eine kleine Schafherde. Bis auf eines sind alle Skudden, also nicht typisch für die Region, aber eine der ältesten Hausschafrassen: klein, mit besonders weicher Wolle. Und die ist schön zum Filzen, eine der Aktivitäten, die hier an einem Kreativwochenende auf dem Programm stehen könnten.

Aber erst einmal Quartier beziehen. Die gemütlichen Apartments heißen »Buche«, »Weide« und »Fledermaus«. Und dann geht es

219

Kraut oder Unkraut, heilsam oder eher giftig? Wer es wissen möchte, begibt sich auf einen Kräuterspaziergang, sammelt Beeren und Pilze und kriegt später heraus, was man alles daraus zubereiten kann.

mit der Hausherrin in den Garten. Eigentlich ist Jutta Becker-Ufermann Grafikdesignerin, doch irgendwann hat sie eine ganz andere Richtung eingeschlagen. Heute ist ihr Thema Nachhaltigkeit. Was das bedeutet, vermittelt sie in ihren Seminaren. Als Kräuterpädagogin, Pilzcoach, Kneippmentorin. Im Gespräch setzt sie Impulse. Pflückt im Vorbeigehen ein unscheinbares Blatt. Wächst das nicht auch im eigenen Garten? Gundermann – zwischen den Finger verreiben und daran schnuppern. Ja, das Kraut passt prima zu Salaten. Gegen Rachenentzündungen soll es auch helfen. An einem eckigen Becken erläutert die Kräuterfrau, warum die Weidenruten hier in Bündeln im Wasser stehen: Auf diese Art überwintern sie, schlagen Wurzeln und können zu neuen Bäumen werden. Oder einfach geschmeidig bleiben fürs Korbflechten.

Es geht weiter in die »Kräuterkammer«, den früheren Schweinestall. In der beginnenden Dämmerung sorgen Kerzen für weiches Licht und die flackernde Glut im Ofen verbreitet wohlige Wärme. Hier stehen Tiegel mit reinigendem Salbei, beruhigendem Lavendel und stärkender Eichenrinde. Dazu gibt es Geschichten über die Rauhnächte, in denen man solche Kräuter verbrannte. Im Ofen sind inzwischen die Bratäpfel knusprig geworden. Herrlich!

Tipp: Vom Appelbongert in die Umgebung (www.wildnisgebiete-nrw.de/daemmerwald/de) ausschweifen: in die »Neue Wildnis Dämmerwald«, wo sich jetzt die Natur wieder ohne menschliche Eingriffe entfalten darf, oder ins winzige Strommuseum in Schermbeck-Damm, das früher ein Trafohäuschen war (erster Sonntag im Monat 11.30 bis 16.00 Uhr).

Hin & weg: Mit dem Auto bis Dämmerwalder Straße 44, Schermbeck-Dämmerwald.

Dauer & Strecke: Mindestens zwei Tage!

Beste Zeit: Auf dem Appelbongert ist immer etwas los: Kräuterspaziergänge, Filzen, Pilze sammeln oder Rauhnächte.

Ausrüstung: Wer in den Dämmerwald möchte, hat Wanderschuhe im Gepäck!

Wenn es Nacht wird: Eine der drei Ferienwohnungen im Appelbongert (www.appelbongert.de).

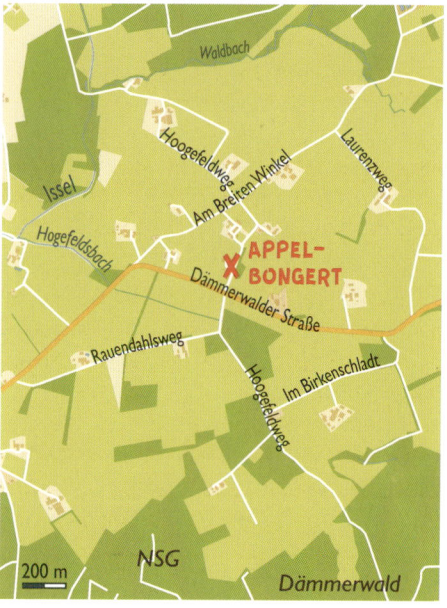

SONST NOCH WICHTIG

SCHLOSS-
MOYLAND

ARKTISCHE
WILDGÄNSE VON
HERBST BIS FRÜHJAHR

KOPFWEIDEN
AN RHEIN, NIERS
UND LIPPE

Ein- und Überblick

*Karten für den schnellen Überblick, ein Orts-
verzeichnis, praktische Tipps sowie mehr
über die Autorin und ihre liebsten Empfehlungen gibt es auf den folgenden Seiten.*

GPX-Download aufs Smartphone - So geht's

Voraussetzung:
Eine Outdoor-App muss installiert sein, z. B. outdooractive oder komoot. Zum Einlesen des QR-Codes benötigen Android-Geräte eine QR-Code-App. Bei IOS-Geräten ist diese Funktion in der Kamera integriert.

Daten downloaden:
1. Den QR-Code einlesen oder die Webadresse im Browser eingeben, um auf die Eskapaden-Website zu gelangen.
2. Die gewünschte Tour zum Download anklicken.
3. Bei IOS-Geräten werden die GPX-Daten direkt mit der vorab installierten App verknüpft. Bei Android-Geräten muss ggf. noch ein Weiterleiten-Button geklickt werden (z. B. oben rechts im Display). Manche Apps zeigen den Tourverlauf starr an, andere haben eine Navigationsfunktion dabei.

Tourenverlauf

GPX-Daten zum
kostenlosen Download
www.dumontreise.de/
eskapaden/niederrhein

short.travel/u1fn4

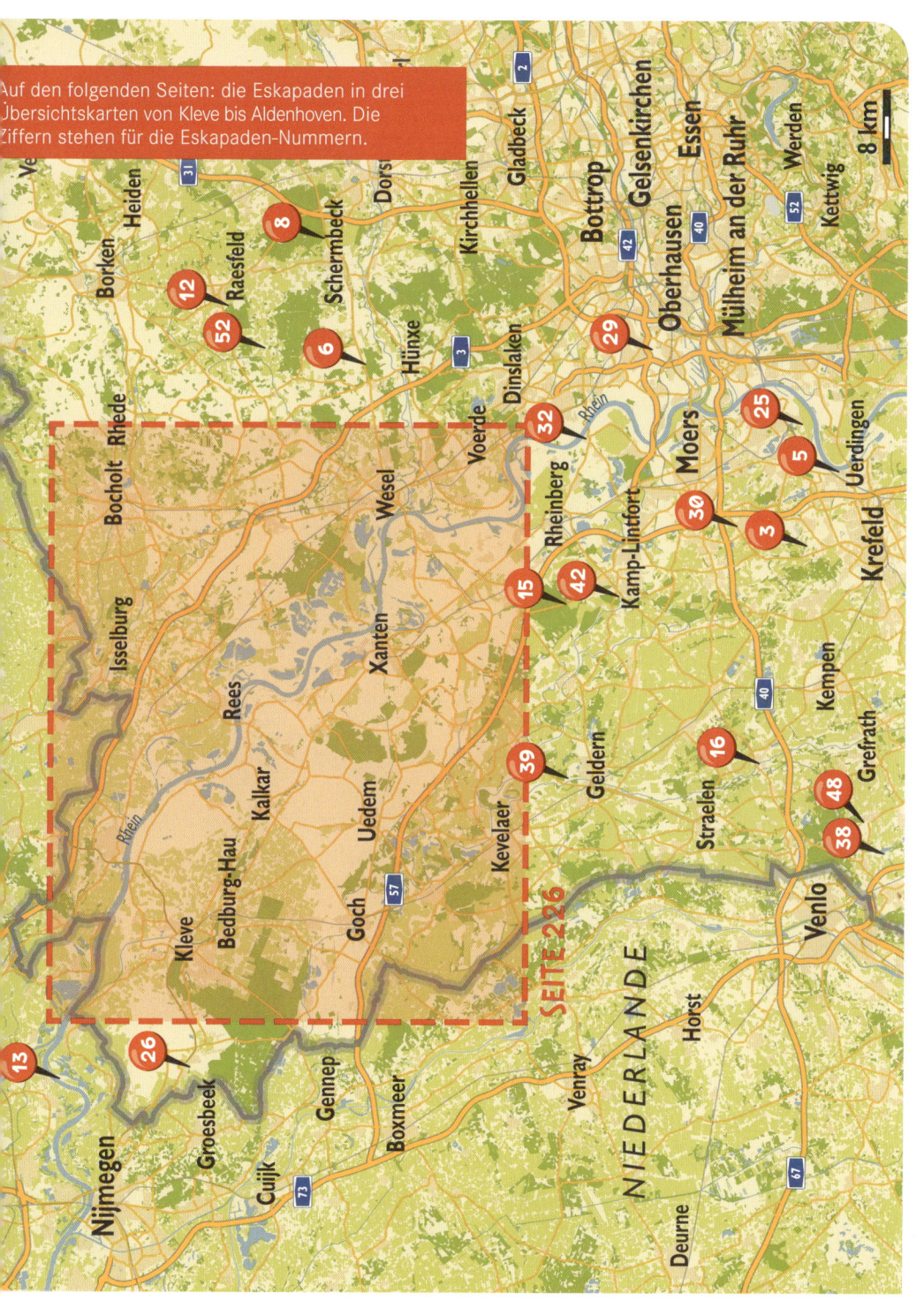

Auf den folgenden Seiten: die Eskapaden in drei Übersichtskarten von Kleve bis Aldenhoven. Die Ziffern stehen für die Eskapaden-Nummern.

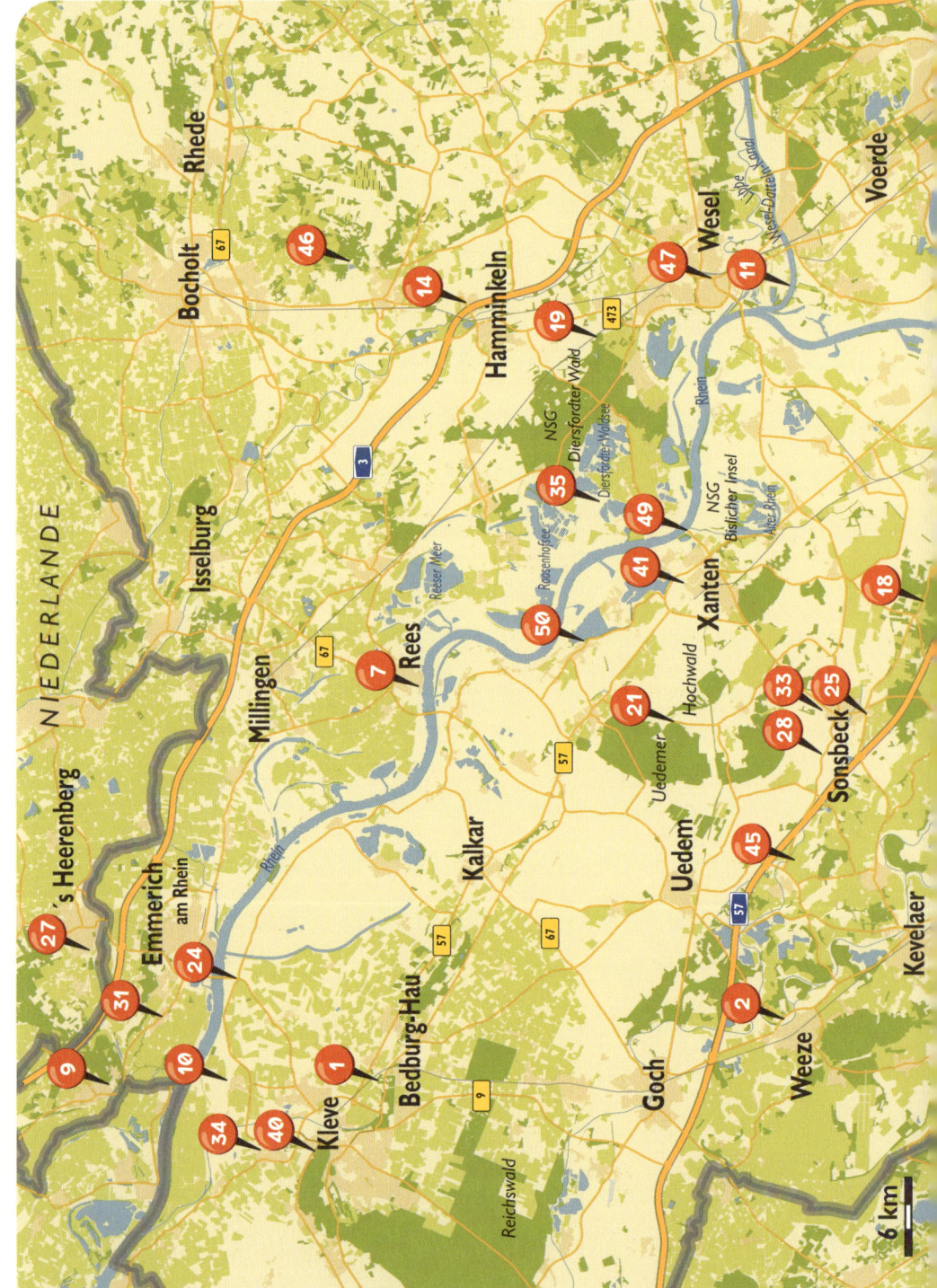

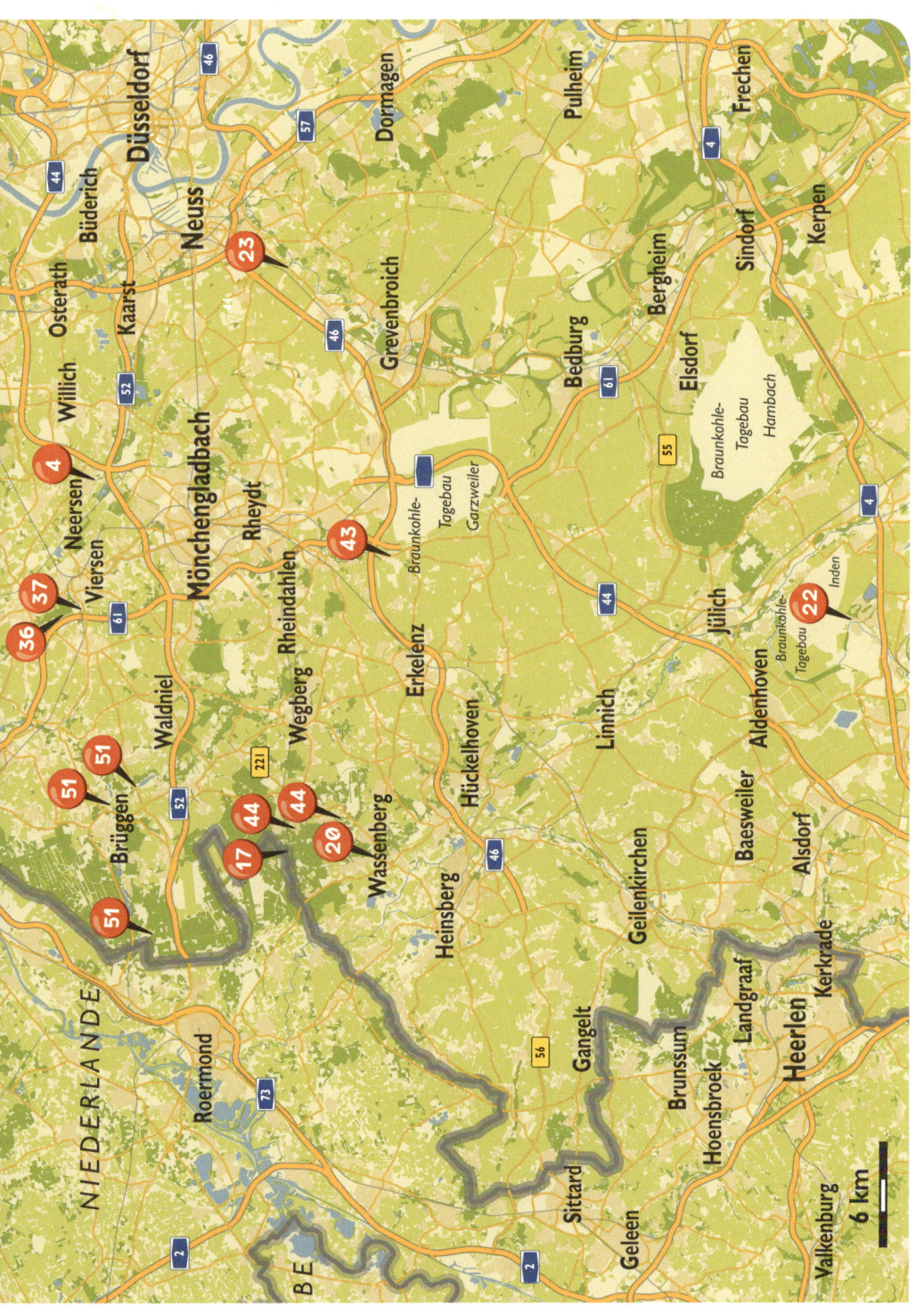

NOCH MEHR ESKAPADEN ...

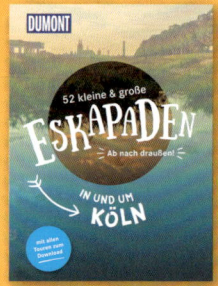
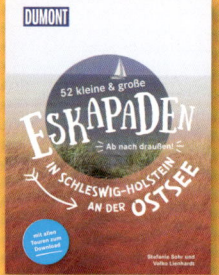
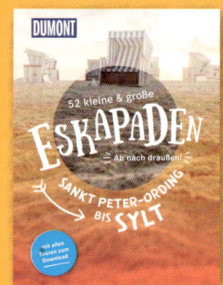

ISBN 978-3-7701-8073-8   ISBN 978-3-7701-8086-8   ISBN 978-3-7701-8076-9

 ... erhalten Sie im gut sortierten Buchhandel
und unter www.dumontreise.de

IMPRESSUM

Reihenkonzept & Projektmanagement Monique Sorban

Cover-/Buchgestaltung und Illustrationen Carolin Weidemann, Köln, www.weidemann-design.com

Lektorat Dr. Barbara Münch-Kienast, Andechs, www.barbara-muench-kienast.de

Text & Fotos Jutta M. Ingala, Vreden, www.6gradost.com

Kartografie Madlen Keilhauer, Oliver Rau; © MAIRDUMONT, Ostfildern, unter Verwendung von Kartendaten von OpenStreetMap, Lizenz CC-BY-SA 2.0

Printed in Poland

1. Auflage 2019
© 2019 DuMont Reiseverlag, Ostfildern
ISBN 978-3-7701-8082-0

www.dumontreise.de

love
Freiheit.

Vor Ort im Netz

Tolle Idee für alle, die auf Instagram unterwegs sind: Unter dem Hashtag #lieblingsplatzniederrhein gibt es viele kleine Draußentipps für die Region. Zum Finden und Teilen. Schön interaktiv ist auch die Seite www.lieblingsplatz-niederrhein.de mit persönlichen Geschichten zum Nachlesen und zum Eintragen eigener Lieblingsplätze. Prall gefüllt mit Tipps von Sport bis Kultur ist die Seite www.niederrhein-tourismus.de

Ohne Auto

... kommt man zwar nicht in jeden Winkel, dank der grünen Niederrheinräder jedoch ziemlich weit. An den mehr als 40 Verleihstationen (www.niederrheinrad.de) gibt es auch Pedelecs. Wo Bus und Bahn in den ländlichen Gemeinden fehlen, fahren oft Bürgerbusse (www.pro-buergerbus-nrw.de). Besondere Erlebnisse sind die Flussquerungen mit motorisierten oder Seilfähren.

Sicherheit & Notfälle

Der Niederrhein ist zahm. Auch wenn es verlockend ist: Schwimmen sollte man nur in ausgewiesenen Gewässern und keinesfalls im Rhein! Im Notfall die 112 wählen.

Geschmackssachen

Die niederrheinische Küche ist herzhaft, einfach und gut. Mit leckeren Kartoffeln, die auf dem sandigen Boden gut gedeihen. Im »Stampes«, niederrheinisch für Durcheinander, werden sie mit Endiviensalat deftig zubereitet. Gänsebraten ist nirgends so gut wie hier und aus manchem Apfel wird »Kraut« – zu Reibepfannkuchen ist der goldene Sirup eine Wucht!

GUT ZU WISSEN ...

Weiterlesen

Sich auf eine etwas andere Art in die Region zu vertiefen, das geht unterhaltsam mit den Niederrhein-Krimis von Thomas Hesse und Renate Wirth. Wer es klassisch mag, findet im Magazin »Auszeit am Niederrhein« (gratis über www.niederrhein-tourismus.de) Wander-, Radel- und Übernachtungstipps, in der »Niederrhein Edition« (auch online unter niederrhein-edition.de) lesenswerte Reportagen und aktuelle Veranstaltungshinweise.

ESKAPADEN-REGISTER ...

≳ Alle Orte mit Seitenverweisen ≲

JUTTA M. INGALA

⟩ ... über die Autorin ⟨

Sie liebt Radfahren und den Herbst, die Weite der Landschaft und Wolkenberge am Himmel. Innehalten und den kleinen Dingen nachspüren, den Geschichten von Mensch und Natur lauschen. Genau darum geht es bei ihren persönlichen Auszeiten, die sie vom heimischen Münsterland – wenn nicht gerade zu den Lieblingsnachbarn in die Niederlande oder in den kühlen Norden – ziemlich häufig an den Niederrhein führen. Dass es sich dabei um eine Region und keinen Fluss handelt, hat schon zu großer Verwirrung geführt.

Von kleinen und großen Entdeckungen, vor allem von Begegnungen, handeln auch die Geschichten, die sie auf www.6gradost.com erzählt.

Himmelhoch

Eskapade #30: Im Heißluftballon über die Landschaft gleiten, unglaubliche Stille genießen und sich frei wie ein Vogel fühlen. Wohin die Reise geht, das weiß nur der Wind.

Mitten ins Heu

Eskapade #45: Mit den Hühnern ins Bett und beim ersten Hahnenkrähen aus den Federn springen. Auf dem Bauernhof ticken die Uhren anders. Kühe melken, Ziegen füttern und im Schäferwagen schlafen erdet.

5 BESONDERE EMPFEHLUNGEN ...

Love Story

Eskapade #10: Ein Feuerwerk am Himmel, das ganz leise ist. Wenn die Sonne den Himmel orange, rot und violett tuscht und schließlich im Fluss versinkt, dann weiß man, dass wenig ganz viel sein kann.

Im Rausch der Blätter

Eskapade #15: Waldbaden hat nichts mit Schwimmen zu tun. Eine Art Wellness ist es schon, wenn man Bäume umarmt, in ihr Inneres horcht und ihre Duftstoffe inhaliert. Macht glücklich.

Auf dem Ameisenpfad

Eskapade #8: Barfuß am Strand – klar! Aber barfuß im Wald? Und ob! Es piekst und kitzelt und fühlt sich ziemlich gut an. So gut, dass man es ganz oft spüren möchte.